직장인 1년차에 반드시 익혀야 할 50개 스킬

저자 **오오이시 테츠유키**
역자 **백상민 · 김세환**

유원북스

번역을 마치며

저는 2005년 당시 입사 5년차에 "당신이기에 함께 일하고 싶다(출판사: 호제당)"라는 책을 발간했었는데요, 그 당시 컨설팅 업무 자체보다는 국비사업 추진에 따른 각종 행정 처리와 부서원 모두가 신입사원이었음에 따른 인간관계의 스트레스로 인해 너무 힘들어서 부서장과 동료들을 질타한 내용을 에둘러서 메모한 것들을 책으로 발간했던 겁니다. 지금 생각하면 조금 부끄럽기는 하네요.

제가 이 책을 번역한 가장 큰 이유는 타인에 대한 질타보다 부서장과 본부장 생활을 하면서 느꼈던 '신입사원들이 이렇게 살면 좋겠다'는 생각을 책으로 내고 싶었으나 원고를 작성할 시간이 쉽게 발생하지 않았는데, 때마침 일본에 계신 김세환 교수님이 "일본에 멋진 책이 나왔다, 평소 우리끼리 말했던 것들이 거의 대부분 적시되어 있더라, 번역해서 책으로 내보자."는 전화 목소리 때문이었습니다. 며칠 후 일본에서 책이 배달되었고, 주말과 출퇴근 시간에 조금씩 번역을 하였습니다.

저는 회사에 신입사원들이 오면 '직업인으로서 신입사원들이 100% 익혀야 할 태도'라는 주제로 몇 년간 강의를 하곤

했었는데요, 그 내용의 일부가 이 책에 있었습니다. 번역하는 과정이 너무 행복했고, 한편으로는 전세계 어디든 '선배로서 후배들을 바라보는 시선은 비슷하구나'하는 생각도 많이 했습니다.

대학원을 마치고 지금 있는 회사에 입사한 지 벌써 23년이 되었습니다. 햇병아리 컨설턴트로서, 10여 년간 부서장으로서, 이제 햇병아리 사업본부장으로 지내면서 참 많은 것들을 배웠고, 반대로 잃어버린 것도 많았습니다. 잃어버린 것은 깔끔하게 잊으면 되지만, 배웠던 것들을 후배들에게 주고 싶은 오지랖도 책 발간에 한 몫을 한 것 같습니다.

원서의 제목은 "도해(図解) 컨설턴트 1년차가 배우는 것"인데요, 번역을 하다 보니 컨설턴트에 국한되지 않고 직장인이라면, 특히 신입이라면 꼭 습득하고 내재화할 필요가 있다고 생각해서 책 제목을 다르게 하였습니다. 이 점에 대해서는 독자 여러분들이 이해하실거라 판단됩니다.

저에게는 참 많은 스승들이 계십니다. 통계학과 조사방법론의 묘미를 가르쳐주신 강병서 교수님, 컨설턴트로서의 태도를 몸소 실천하고 후배들에게 알려주신 이춘선 박사님과 이동구 원장님, 중도를 지켜가면서 회사의 바람직한 방향을 제시하는 최영락 본부장님.

본인은 똑바로 하지 않으면서 타인에게 똑바로 하라고 강조하는 모습이 이율배반적이라고 가끔 말하는 아내이자 친구인 장희경, 아빠가 세상에서 가장 부지런하고 무뚝뚝하다고 말하는 나의 아들들 백지환－백지윤, 늘 일본의 소식과 컨설팅하는 데 좋은 자료를 실시간으로 전달해주시는 김세환 교수님, 하루하루가 힘들 때마다 저와 함께 막걸리를 마셔주는 회사 후배 센터장들, 마지막으로 일본책의 원문 pdf 파일을 보자마자 출간하고 싶다고 말씀해주신 유원북스의 이구만 대표님.

이들과 함께여서 인생은 참 행복합니다.

2023년 8월
聽談[1] 백상민

1 저의 이름은 주장할 상(尙), 물 졸졸 흘러 내릴 민(潣)인데요, 이를 풀면 '본인의 주장을 막힘 없이 계속 한다'는 의미가 됩니다. 그래서인지 가끔 타인의 얘기를 듣지 않고 (게다가 그들의 말을 잊어버릴 때도 많음) 저의 얘기만 하는 경향이 많았습니다. 2023년 4월 어느 날, 회사 후배와 양꼬치를 안주 삼아 칭타오를 마시는 와중에 후배(양원승 센터장)가 저의 호(號)를 작명해 주었습니다. 타인의 얘기를 잘 들어라(聽談)는 의미로 말이죠.

머리말

본서는 사회인 1년차부터 전문가들에 이르기까지 보편적으로 도움이 되는 스킬을 몸에 익혔으면 좋겠다는 생각으로 저술한 것입니다. 즉, 단순 일회성이 아닌 수십 년간 계속 활용할 수 있는 실전 스킬들을 몸에 익혔으면 하는 바람으로 쓰게 되었습니다. 그렇다고 컨설팅 회사에 근무하는 사람들만을 대상으로 한 것은 절대 아닙니다. 그럼에도 불구하고 본서의 테마를 '컨설팅 1년차의 필수 지식'이라 한 것은 외국계 컨설팅 회사 출신들이 업계나 직종을 불문하고 다양한 현장에서 활약하고 있기 때문입니다. 그들이 컨설턴트 시절 배운 지식들은 다양한 업종의 경계를 넘어 보편적으로 활용할 수 있는 스킬(업무력)이라는 것이 그 배경에 있습니다.

이에 각계에서 활약하는 전직 컨설턴트 분들에게 취재를 의뢰하여 사회 초년생 시절에 배운 것들 중에서 15년이 지나도 기억에 남는 것, 현재에도 도움이 되고 있는 것, 직종과 업계가 바뀌어도 통용되고 리더나 경영자의 입장에서도 도움이 되는 것들을 정리해 보았습니다. 결국 그들의 스킬과 경험에 제가 일반적인 해설을 더한 것이 본서입니다.

정리하면 본서를 읽는 것만으로 직종과 업계를 불문하고

15년 후에도 활용할 수 있는 가장 보편적인 스킬에 대하여 '사회 초년생인 1년차부터' 이해할 수 있게 될 겁니다.

본서를 위해 업계 및 직종도 다양한 지인들에게 취재에 응해 달라는 요청을 했습니다. 예를 들어, 외국계 기업의 파트너로 있는 분, 벤처 창업을 통해 회사를 상장시킨 분, 정치가로 전향한 분, 경영자나 작가로서 복수의 직업을 가지고 있는 분, 대학에서 연구지도를 하는 분, 상장사에서 경영 관리직에 종사하는 분, 독립적으로 컨설팅 업체를 운영하는 분, 그 외 많은 분들에게 다양한 이야기를 들을 수 있었습니다.

이러한 취재를 통해 항목들을 정리해보니 50개의 중요 스킬들로 정리될 수 있었습니다. 이러한 스킬들은 4개의 카테고리 구분, 결국 본서는 총 4장으로 구성되었습니다.

제1장에서는 말하는 기술. 즉, 커뮤니케이션 측면에서의 스킬로서 보편적인 이야기를 중심으로 정리하였습니다. 사실을 기반으로 말하기, 솔직하게 말하기, 결론부터 말하기 등 다른 책에서도 다루어지는 부분이 많을 수 있지만, 이는 달리 말하면 그만큼 중요하다는 방증이기도 합니다. 특히, '기대치'에 관한 이야기는 매우 중요합니다. 많은 전직 컨설턴트들이 기대치를 넘어서는 것에 대한 보편적인 중요성에 대해 언급해 주었습니다.

제2장에서는 생각하는 기술. 즉, 논리적 사고나 가설사고(假說思考), 문제해결 등 컨설턴트에게 있어서 필수적인 스킬들을

중심으로 다루며, 기초적인 사고력을 기반으로 어떻게 실제 업무와 현장에서 활용해 나갈 것인가를 정리하였습니다. 2장에서 가장 중요한 부분은 '가설사고'입니다. 컨설턴트들의 사고 중심에는 가설사고가 깊이 연관되어 있으며, 이러한 사고의 습관이 한번 몸에 배이면 평생 이를 활용할 수 있습니다.

제3장에서는 데스크워크(desk work) 기술. 즉, 업무 테크닉에 관한 것을 정리하였습니다. 회의록 작성법, 프레젠테이션 슬라이드 작성의 기본, 효율적인 학습법, 프로젝트 과제 관리 방법 등 시대가 변해도 변함 없이 활용될 수 있는 테크닉 등을 중심으로 설명하였습니다.

제4장에서는 비즈니스 마인드. 즉, 프로페셔널이란 무엇인가에 대해 다루고 있다. 이를 위해 커미트먼트(commitment), 펠로우십(fellowship), 팀워크 등에 관해 정리하였습니다. 업무를 함에 있어서의 마인드는 어떤 업무라도 보편적으로 동일합니다. 4장에서는 일반적인 해설을 덧붙이기보다도 사회 초년생들의 구체적인 체험담을 많이 인용하여 사실감 있게 기술하려고 노력하였습니다.

저는 다른 책들과는 달리 체험담을 중심으로 보다 실전적인 내용을 담으려 노력하였습니다. 마치 선배가 현장에서 세심하게 지도해주는 것처럼 이 책을 통해 그러한 느낌을 받았으면 합니다.

大石哲之(오오이시 테츠유키)

목 차

---

1 PREP은 비즈니스 문서나 프레젠테이션 등에서 활용할 수 있는 알기 쉬운 문장 구성의 기법인데, 제일 처음에 P=Point(결론, 요점, 주장)를 언급하고, 그 다음에 왜 그러한 주장을 하게 되었는지에 따른 R=Reason(이유)을, 그 다음에 구체적인 E=Example(사례)를 설명하며, 마지막으로 다시 한번 P=Point(요점, 주장, 결론)을 반복 설명하여 주장의 설득력을 확보하는 커뮤니케이션 방법이다. 이러한 내용은 일반적으로 10줄을 넘어가지 않게 간략 명료하게 작성하는 것이 일반적이다.

제3장 컨설턴트식 데스크워크

제4장 프로페셔널 비즈니스 마인드

제 1 장

컨설턴트식 화법

제1장

컨설턴트식 화법

1 결론부터 말하기

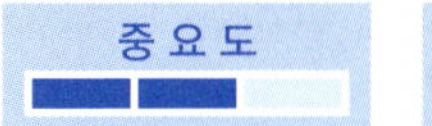

"일단 결론부터 말하십시오."

이는 제가 컨설턴트로서 배운 것 중 현재에도 가장 큰 도움이 되고 있으며, 지금도 의식적으로 실행하고 있는 커뮤니케이션 철칙입니다.

저도 컨설팅 회사에 입사하기 전까지는 서론, 본론, 결론의 순서대로 이야기하는 것이 일반적인 언행이었습니다. 학교에서도 기승전결(起承轉結), 소위 순서대로 말하라고 배운 사람들이 대부분일 것입니다.

이를 연역적 표현방식이라고 합니다. '이렇기 때문에 저런 것이고, 그러니까 이렇게 된다'는 식의 상황을 순서대로 이야기해 나가는 방식입니다.

- 연역적 표현의 전형적인 예 : 수학 공식

먼저, a와 b가 있습니다.

다음으로 a + b는 3입니다.

그 다음 b는 2 이상의 값을 취합니다.

그래서 a는 1 이하의 값이 됩니다.【결론】

이렇게 전제를 한 후 순서대로 서서히 전개해 나가면서 마지막으로 결론을 내립니다.

반대로 결론부터 말하는 방법을 귀납적 표현방식이라고 합니다.

- 귀납적 표현의 전형적인 예 : 실험 보고서

  a 액체와 b 액체를 섞었더니 c가 만들어졌습니다.【결론】

  왜 그런 현상이 발생하였는가 하면 다음과 같은 이유 때문입니다.

이렇게 먼저 결론부터 이야기한 후, 자세한 내용은 뒷부분에서 설명합니다.

대학생들이 리포트나 논문을 쓸 때 먼저 결론부터 기술하도록 지도를 받았을 것입니다. 결론을 제시한 후, 어떻게 해서 그렇게 되는 것인지 상세한 이유를 덧붙여 나갑니다.

결론부터가 철저한 컨설팅 회사

컨설팅 회사에서는 '모든 것들은 결론부터'라는 형식을 따르고 있습니다. 그리고 이를 잊지 않도록 항상 모든 부분에 있어 철저하게 수행됩니다. 컨설팅 보고서는 물론 일상적인 이메일, 메모 작성, 상사와의 커뮤니케이션 등 모든 것들은 결론부터 서두를 시작합니다. 이러한 의사전달 방식의 장점은 다름 아닌 '간단하고 명료하다'는 점입니다. 이를 통해 짧은 시간 내에 상대방에게 필요한 정보와 의사전달을 할 수 있기 때문입니다.

저도 이러한 방식에 적응하는 데 한동안 고생하였습니다. 아무래도 일본인들의 사고법은 경과가 있고, 순서가 있고, 마지막에 결론을 도출하는 것에 익숙합니다. 게다가 일본어 어순도 그러하기 때문입니다. 이런 상황에서 서두에 결론이 오도록 역전시키는 것이기 때문에 익숙해질 필요가 있고, 의식적으로 이를 습득해 나갈 수밖에 없습니다.

☑ 결론부터 말하면 짧은 시간 내에 상대방에게 필요한 것들을 전달할 수 있다.
☑ 의식적으로 결론부터 말하는 것에 익숙해질 필요가 있다.

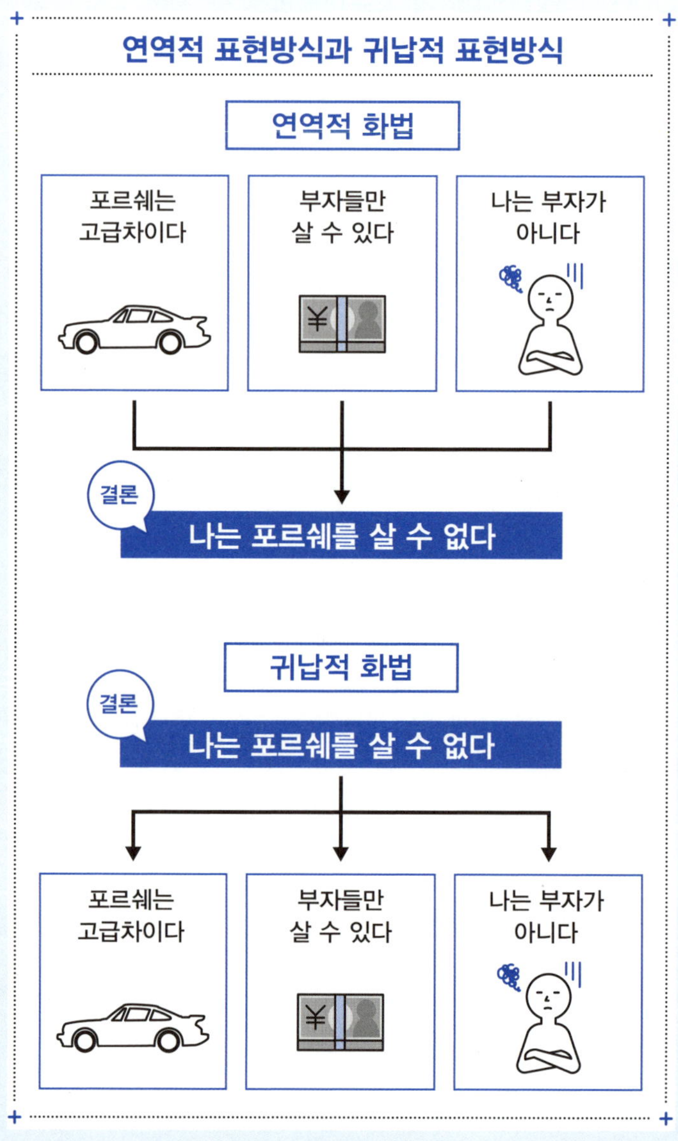
연역적 표현방식과 귀납적 표현방식
연역적 화법
포르쉐는 고급차이다
부자들만 살 수 있다
나는 부자가 아니다
결론
나는 포르쉐를 살 수 없다
귀납적 화법
결론
나는 포르쉐를 살 수 없다
포르쉐는 고급차이다
부자들만 살 수 있다
나는 부자가 아니다

2 PREP 형태 준수

"결론부터 이야기하는 화법에 PREP법이라는 것이 있습니다." 먼저 이 원칙을 이해해 보도록 합시다.

PREP는 Point (결론), Reason (이유), Example (구체적인 예), Point (결론의 반복 강조)의 머리글자를 딴 것으로서, 이는 이야기를 전개해 나가는 방식입니다. 하나의 틀이기 때문에 의식적으로 해볼 필요가 있습니다.

이를 위해서는 보통 말할 때 생각난 것부터 말하는 습관을 없앨 필요가 있습니다. 한번 PREP의 틀을 떠올려 머릿속을 정리한 후, 결론부터 얘기하는 것입니다.

사람들은 어떻게든 질문에 바로 대답하지 않으면 안 된다는 강박 관념을 가지고 있으며, 일단 첫 말을 띄우려고 초조해하기 마련입니다. 그리고 정리하지 않고 일단 생각나는 것을 먼저 말하려고 합니다.

저도 이런 버릇이 있었습니다. 다른 사람의 질문에 말문이 막히거나, 빨리 대답하지 못하면 "머리 회전이 느리다고 생각하지 않을까?"라는 막연한 공포감을 가지고 있었기 때문입니다. 그래서 그 자리를 얼버무리기 위해 일단 뭐라도 말하고

자 했습니다.

그러나 이것은 비즈니스 세계에서는 절대 통용되지 않는다는 것을 1년차 때 지적을 받았습니다.

"오오이시 씨, 제 질문에 대해 둘러대듯이 아무 말이라도 하지 않아도 됩니다."

저는 깜짝 놀랐습니다. 둘러대는 듯한 말을 하는 편이 훨씬 머리가 나빠 보일 수 있다는 것을 처음 알게 된 것입니다. 제 상사는 5분 정도 시간적 여유를 가지고 머리로 생각을 잘 정리한 후에 다시 대답해 달라고 했습니다. 즉답만을 의식하고 있던 저로서는 생각할 시간을 가져도 좋다는 상사의 말은 충격으로 다가왔습니다.

그 이후로 말문이 막히는 질문을 받았을 때는 반드시 1~2분 정도 생각할 시간을 달라고 말한 뒤, 머릿속을 정리한 후 결론부터 이야기하려 하고 있습니다.

회의는 결론부터 역산하여 실행하라

결론이 가장 중요시되는 곳은 회의실 내입니다. 회의를 할 때에는 반드시 '어젠다'가 등장합니다. 어젠다는 요컨대 의제입니다만, 단순히 의제라고 하면 상당히 애매한 부분도 포함될 수 있습니다. 이에 어젠다는 보다 적극적으로 '논점'이나 혹은 '어떤 결론을 내야 하는가'라는 목표 이미지를 열거한 것으로 이해하면 되겠습니다.

예를 들어 이 회의의 어젠다는 '컨설턴트 1년차에 가장 중요한 기술 50개를 꼽는 것'이 목적이라고 설정하는 식입니다. 그것이 논의하고 싶은 주제이고, 목표이며, 결론이 됩니다.

이렇게 무엇을 결론으로 얻고 싶은지, 회의에서 무엇을 결정하고자 하는지, 그것을 숫자로 표현하여 선언하면 됩니다.

그렇다면 회의의 마지막에 어떤 식이든 결론이 도출되면 된다는 말일까요? 그 테마야말로 회의의 어젠다가 될 수도 있겠네요. 그리고

- 어떤 결론을 얻고 싶은가?
- 그러기 위해서는 어떤 절차를 밟는 것이 좋은가?
- 어떻게 그것을 결정해 나갈 것인가?

라는 것처럼 얻고 싶은 결론으로부터 역산하여 회의 운영을 해야 합니다. 이를 의식적으로 행하는 것만으로 회의의 방향성이 확고해지기 때문입니다.

☑ 보고서도, 일상적인 이메일도, 말할 때도, 대답할 때도, 회의 운영도 모두 PREP의 틀에 따라 결론부터 말하는 습관을 키우자.

PREP 법이란

Point
결론

본서의 목적은 제가 컨설턴트 1년차 때 배워 15년 후에도 사용할 수 있는 보편적인 스킬을 독자 여러분에게 알려드리기 위함입니다.

Reason
이유

왜 컨설턴트 1년차일까요? 먼저 컨설턴트는 다른 직종에 비해 논리적인 방법론을 빨리 배울 수 있습니다. 더욱이 15년이 지나도 사용할 수 있는 보편적인 스킬의 대부분은 첫해에 배웁니다. 그 에센스를 뽑아내면 많은 분들께 도움이 될 거라 생각했습니다.

Example
구체적 사례

예를 들어 결론부터 이야기하는 것이 그 사례입니다. 결론부터 이야기하는 것은 비즈니스에서는 너무나 당연하고, 특히 컨설팅 회사에서는 철저히 행해지지만 의식적으로 훈련하지 않으면 처음부터 바로 할 수 없습니다.

Point
결론의
반복

결론적으로 본서에 제시된 컨설턴트 1년차에 배우는 스킬을 몸에 익히게 되면 15년 후에도 도움이 되어 폭넓은 업종에서 활약할 수 있습니다.

3 단적으로 말하기 – Talk Straight

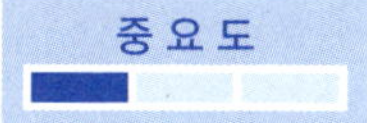

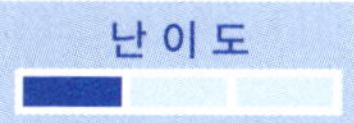

외국계 컨설팅 회사에 다니는 신입사원들의 행동지침 중 중요한 하나가 'Talk Straight'입니다. 이는 단적으로 '간결하게 말한다'는 의미와 '솔직하게 말한다'는 의미가 모두 합해진 것입니다.

바꿔 말하면 이상한 힘겨루기나 변명을 하지 말고, 질문을 받은 것에 대해 제대로 직설적으로 대답하는 것을 의미합니다. 상대방의 신뢰를 얻기 위해서 매우 중요한 부분으로 지금도 항상 유의하고 있습니다.

예를 들어, 상사에게 어떤 업무에 대한 분석 작업이 끝났는지에 대한 질문을 받았다고 가정해 봅시다. 대체로 이런 질문을 받을 때는 작업이 지연되었거나, 업무가 잘 진행되지 않았을 때가 많았을 것입니다. 이미 그 작업이 끝나 있었다면 벌써 보고했을 테니까요.

신입사원 때는 업무에 익숙하지 않기 때문에 흔히 있을 수 있는 일이고, 그럴 때 이런 질문을 받으면 흠칫 놀라 그만 변명으로 일관하기 쉽습니다.

지금의 저라면 솔직하게 "아직 끝마치지 못했다"고 대답할 것입니다. 상사가 알고 싶은 것은 현 시점에서 단지 그 업무의 완료 유무일 뿐입니다. 만약 되어 있지 않다면 왜 할 수 없는지에 대한 원인 설명을 요구하는 것입니다. 구차한 변명 따위가 아니라, 못했다면 어쩔 수 없기 때문에 그 업무를 할 수 있는 방법을 고민하고자 하는 것입니다.

상사가 화가 났다고 해도 자신에 대한 것이 아니라 단순히 업무에 대한 것이기에 일은 일대로 계속해서 진행되어야 한다는 것을 이제는 잘 이해하고 있습니다.

이럴 경우 일단 "아직 안 됐다"고 말하면서, 구체적으로는 현재 분석 그래프를 작업 중이라고 상황을 단적으로 대답을 해야 합니다. 이것이 질문에 대해 직설적으로 대답하는 방식입니다. 사실 이 부분을 유의하게 된 후부터 상사로부터 받는 질책 정도는 크게 줄었습니다.

'왜?'라는 질문을 통해서 문제의 소재를 확인하라

해당 질문에 직설적으로 대답하면 자연스럽게 의사소통을 할 수 있고, 문제의 소재를 명확하게 알 수 있습니다. 그렇게 하지 않으면 상대방은 '왜?', '아니, 왜?'를 계속해서 묻게 됩니다.

상　사 : 분석은 끝났나요?

담당자 : 아직 못 끝냈습니다.

상　사 : 왜 끝내지 못했죠?

담당자 : 데이터에 문제가 발견되었습니다. 해결하는 데 일주일 정도 걸릴 듯합니다.

상　사 : 그 분석 작업의 마감은 이번 주 중입니다. 보조인력을 붙여줄 테니 이틀 만에 마무리했으면 좋겠습니다.

상대방의 '왜?', '왜?'에 직설적으로 대답함으로써 자연스럽게 의사소통이 되고 문제의 소재를 쉽게 확인할 수 있습니다. 못했다는 결과만 듣고 갑자기 격분하는 사람은 거의 없을 것입니다. 왜 하지 못했는지에 대한 이야기도 듣지 않고 판단할 수 없기 때문입니다. 그러니까 차라리 'Yes', 'No'로 단적으로 대답하는 편이 더 나을 수 있습니다.

게다가 'Yes', 'No'부터 시작해서 순서대로 깊이 파고드는 듯한 커뮤니케이션을 하면 문제의 소재가 명확하게 드러나 생산적인 이야기로 이어지는 경우가 많습니다.

☑ Talk Straight는 흥정 없이 단적으로 간결하고 솔직하게 말하는 것이다.

☑ 질문에 직설적으로 대답함으로써 상황이 보다 명확하게 드러난다.

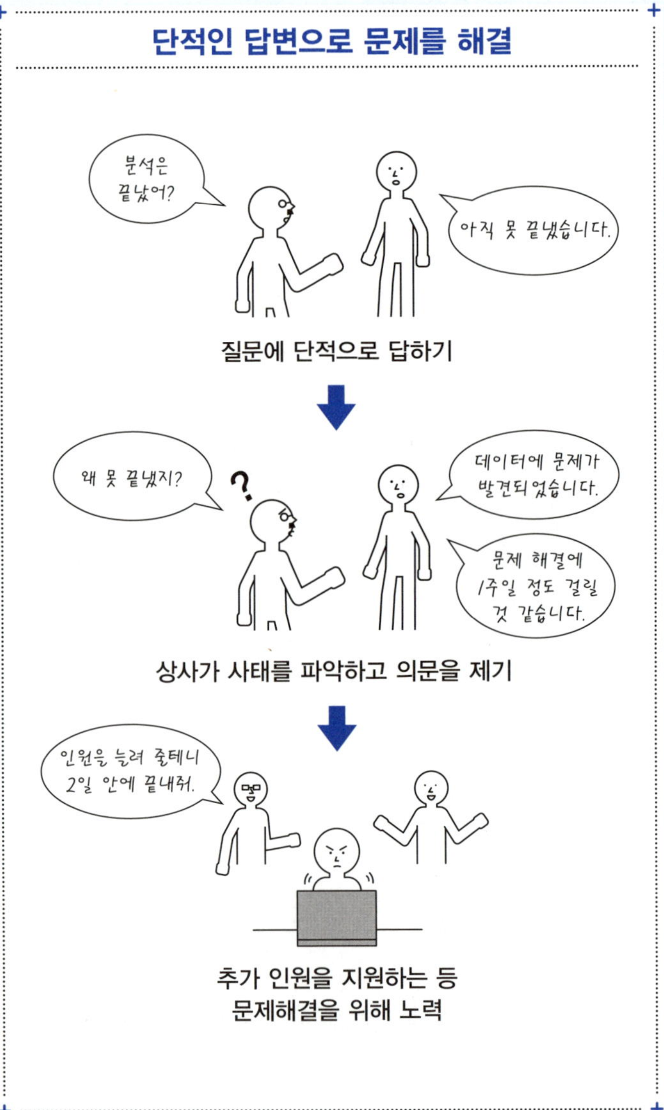
단적인 답변으로 문제를 해결
분석은 끝났어?
아직 못 끝냈습니다.
질문에 단적으로 답하기
왜 못 끝냈지?
데이터에 문제가 발견되었습니다.
문제 해결에 1주일 정도 걸릴 것 같습니다.
상사가 사태를 파악하고 의문을 제기
인원을 늘려 줄테니 2일 안에 끝내줘.
추가 인원을 지원하는 등
문제해결을 위해 노력

4 말하기 껄끄러운 부분의 의사 전달 방법

Talk Straight 안에는 말하기 껄끄러운 것이라도 틀리면 틀렸다고 말한다는 부분도 포함됩니다.

상사나 높은 사람이 하는 말이라도 의심이 들거나, 만약 그것이 이상하다면 제대로 짚고 넘어가야 합니다.

분명 잘못된 방향임을 알고도 지적하지 않으면 나중에 왜 진작에 알고 있으면서 지적하지 않았냐고 책망을 받을 수 있습니다.

알고 있는데도 말하지 않는다는 것은 개인의 유대관계에서는 바람직할지 모르지만, 반대로 업무에 있어서는 이를 불성실하다고 여기는 경우가 더 많습니다.

직설적으로 이야기를 하면 분위기 파악이 안 된다는 말을 들을 수도 있겠죠. 하지만 그래도 직설적으로 말하는 편이 결국 신뢰를 얻습니다.

물론 이해가 대립되는 상대와의 교섭, 즉 한쪽이 이득을 보고 한쪽이 손해를 보는 것(이를 제로섬 게임이라고 부름)에 있어서는 얼버무리거나 거짓말을 하는 편이 효과적일지도 모릅니다. 협상 커뮤니케이션 관련 서적에는 이러한 제로섬 게임의 유효한 방안들이 많이 제시되어 있습니다. 하지만 실제 업무에서는 서로 협력하여 '1+1'이 '3'이 되는 결과를 내는 사람이 더 높게 평가됩니다.

같은 이익을 추구하려는 팀원이니까 솔직하게 말하고 흥정을 하지 않는 편이 더 나은 법입니다.

할 수 없을 때는 할 수 있는 방법을 제안한다

무리한 작업 의뢰를 받는 경우에도 단적으로 대답할 필요가 있습니다.

상사로부터 "이 작업을 내일까지 해달라"는 지시가 있었다고 가정합시다. 하지 않으면 안 되고, 게다가 할 수 없는 것도 아니지만 틀림없이 밤을 새도록 하는 터무니없는 지시였다고 칩시다. 당신이라면 어떤 대답을 하시겠습니까? 먼저 그런 지시에 대한 불만부터 얘기하지는 않을 테지요.

질문에 대한 대답은 'Yes'와 'No'를 분명하게 말하는 것입니다.

예를 들면 이런 대답은 어떨까요?

"네, 할 수 있습니다. 단, 업무량으로 보아 혼자서는 힘들 것 같습니다. 도와줄 사람이 한 명 있다면 둘이서 협력해서 끝낼 수 있을 것 같습니다."

이러한 표현이라면 분명하고 업무도 원활히 진행될 것 같지 않나요? 변명이 아니기 때문에 상사도 '그럼, 인력을 지원하겠다'고 생각할 수 있을 것입니다.

상사의 목적은 어디까지나 원활한 업무 진행에 있기 때문입니다.

불가능한 업무 지시라 할지라도 할 수 있는 방법을 먼저 모색하고 제안함으로써 건설적인 대화로 이어 나갈 수 있습니다.

☑ 필요에 따라서는 말하기 껄끄러운 부분이라 할지라도 단적으로 얘기하자.

☑ 사내에서 쓸데없는 흥정은 하지 말자.

업무에서는 솔직하게 지적하는 편이 더 낫다

업무	사생활
평판이 좋지 않은 시스템의 도입을 상사가 검토	평판이 좋지 않은 점포로 친구가 가자고 함
업무를 잘 진행하기 위해서는 제대로 된 의견을 개진	인간관계를 중시하여 굳이 반대의견을 내지 않음
말하기 어렵더라도 정확하게 의견을 제시하는 편이 업무에 성실하다고 평가됨	원만한 대인관계를 위해 상대방 의견을 존중하는 것도 충분히 있을 수 있음

5 구체적인 수치로 팩트를 전달하기

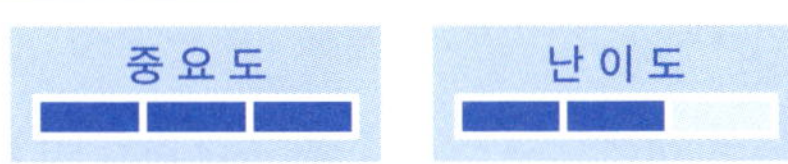

컨설턴트라는 직업은 1년차임에도 불구하고 나이가 많고 경험이 풍부한 고객과 이야기해야 할 경우가 생각보다 많을 수 있습니다. 이것이 어떻게 가능하냐고 하면 바로 '팩트(fact)를 기반으로 말하는 직업이기 때문'입니다.

팩트는 사실을 말합니다. 즉, 자신의 경험담이나 상황에 적절한 감언이설이 아닌 불변의 사실을 의미합니다. 사실을 입증하는 가장 최고의 수단은 숫자입니다. 숫자는 아무도 수정할 수 없고, 부정할 수도 없습니다. 그래서 숫자로 말하는 것이 가장 효과적입니다.

저는 신입사원 때 상사로부터 어느 회사 영업사원들의 행동 패턴을 분석하라는 업무 지시를 받은 적이 있습니다. 작업은 단조로움 그 자체였지만 전형적으로 신입사원이 할 만한 일이었습니다.

먼저, 고객사의 영업일지를 구해서 누가 어디에 몇 번 방문했는지 등에 대한 영업 데이터를 집계했습니다. 그리고 실제 매출과 마케팅 회사가 제공하는 시장 규모 데이터를 비교해 보았습니다.

그 결과, 그 회사의 영업사원들은 자사 제품을 이미 사용하고 있는 기존고객들을 주로 방문하고 있었고, 결과적으로 영업 예산이 있었음에도 불구하고 신규고객 발굴을 위한 영업 활동에는 그다지 많은 시간과 비용을 할애하지 않는다는 것을 알게 되었습니다.

고객이 알고 싶었던 것은 바로 이 사실이었던 것입니다. 고객들은 느낌적으로는 문제를 인식하면서도 실제로는 구체적인 숫자를 파악하지 못한 상태였고, 내부 이해관계자들을 납득시킬 증거도 없었습니다. 그래서 우리들은 컨설턴트로서 관련 조사를 진행했던 것이었습니다.

조사 결과를 받아 본 고객들은 어렴풋이나마 그 사실들을 인지하고 있었으나, 구체적인 데이터를 통해 제대로 납득한 모습이었습니다. 물론 사내에서도 이 사실은 충격 그 자체였습니다. 하지만 이는 엄연한 팩트이니 아무도 반박할 수 없었겠죠. 마지못해 그럴지도 모르겠지만 납득할 수밖에 없었을 것입니다. 그 후 왜 개혁이 필요한지 사내에서 거론될 때도 이 데이터는 중요한 사실로 인용되었습니다.

저는 경험이나 경영 지식이 전혀 없는 1년차 신입사원에 불과하였지만 **클라이언트가 인지하지 못한 사실을 숫자로 보여줌으로써 그 가치를 인정받을 수 있었습니다.**

'이상하다'고 생각되면 사실을 모아 숫자로 표현한다

사내에서 어떤 것이 비효율적이거나 불합리해서 결국 '낭비'라고 간주되어 이를 개선하고 싶다고 가정해 봅시다. 그럴 때 "○○는 비효율적이라고 생각하기 때문에 바꿀 필요가 있습니다. 우리는 위기감을 가져야 합니다."라고 말한다면 오히려 역효과를 초래할 것입니다.

신입사원 주제에 잘난 척하는 것이라 생각할지도 모릅니다. 신입일수록 사실을 기반으로 하는 입증 자료들을 모아야 합니다. 아무리 신입사원의 제언이라도 그게 사실에 기반한다면 귀를 기울일 수밖에 없습니다. 의견은 묵살될 수 있지만, 사실은 묵살될 수 없습니다.

무언가 이상하다고 생각되면 먼저 사실 자료들을 모으세요. 가능한 한 구체적인 자료들로 모아야 합니다. 웹사이트나 관련 잡지, 그리고 신문 등을 통하여 이제까지 거론되지 않았던, 당신이 찾아내지 않았다면 결코 밝혀지지 않았을 그러한 자료들이 가장 유효합니다.

'누가, 무엇을, 몇 번이나 사용했는지', '어떤 것이, 언제, 몇 번 이용되고 있는지', 이러한 데이터 숫자들을 모으십시오. 모은 숫자에 의미가 있다면 주위로부터 무시당하는 일은 결코 없습니다. 그리고 그렇게 무던하게 업무를 행하는 것이 신입사원의 역할이기도 합니다.

~~야! 이것도 모르니?~~

☑ 경험도 전혀 없는 1년차들의 유일한 무기는 구체적인 숫자(데이터)이다.

☑ 다른 곳에서는 얻을 수 없는 독자적으로 수집한 숫자가 유효하다.

사실(fact)를 제시하라

과제

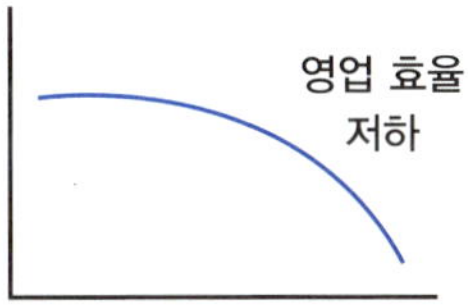

영업 효율을 향상시키고 싶다는 클라이언트의 요청(과제)

원인을 수치화

클라이언트의 감각적인 문제의식을 숫자로 분석하여 데이터화

클라이언트에게 숫자를 제시

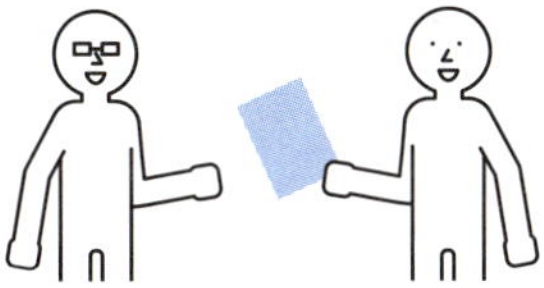

클라이언트가 알지 못한 사실을 숫자로 표현하는 것이 '가치'가 됨

6 숫자와 논리로 말하기

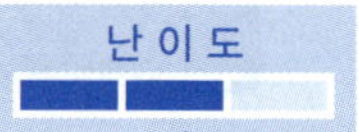

제가 입사한 컨설팅 회사는 외국계 회사였는데, 신입사원들은 입사 시에는 반드시 해외연수를 받아야 했습니다. 같은 시기에 채용된 전 세계의 신입 컨설턴트들과 함께 연수를 받았습니다. 우리 팀은 8명이었는데요, 일본인 4명, 미국과 캐나다 출신, 그리고 이스라엘과 남아프리카에서 온 사람들로 구성되었습니다.

이러한 다국적 팀에게 주어진 연수 과제는 어떤 통조림 회사의 사업 전략을 수립하라는 것이었습니다. 문제점을 '로직트리'로 정리하여 구조화하고, 회사와 마켓의 데이터를 분석한 뒤, 마지막으로 프레젠테이션 발표 자료로 정리했습니다.

그것 자체로도 좋은 문제해결 트레이닝이었지만, 지금 생각해 보면 문화나 배경이 다른 사람들과 함께 일하는 방법을 배울 수 있었다는 점이 훨씬 좋았던 것 같습니다.

글로벌 다국적기업에서는 각자 가치관과 습관이 다르다는 것을 전제하여야 합니다. 이를 '다양성(diversity)'이라고 부릅니다. 어느 특정 나라의 문화를 모두에게 강요하지 않습니다. 대신 어떤 문화에 속한 사람일지라도 공통적으로 인정할 수 있는 단순한 것을 커뮤니케이션의 기초로 합니다.

절대적으로 공유하고 서로 인정받을 수 있는 것이 바로 '논리(로직)'와 '숫자'입니다. 영어를 잘 하지 못해도 상대방이 무슨 생각을 하는지, 논리와 숫자로 커뮤니케이션을 통해 메시지를 전달할 수 있습니다.

흔히 '다문화에서 업무를 수행하려면 상대방의 문화를 이해하는 것이 필요하다'고 말합니다. 확실히 일대일로 상대방을 이해할 때는 그럴 수 있겠지만, 이해해야 할 문화가 4개 혹은 5개나 섞여 있다면 애초부터 불가능할 수 있습니다. 포인트는 문화와 같은 차이가 발생하기 쉬운 고도의 커뮤니케이션을 굳이 취하지 않는다는 점입니다. 이를 문맥의 수준이 낮다는 의미에서 'Low Context'라고 합니다. 예를 들어, 세계 누구나 알 수 있는 주제로 간주되는 사랑이나 가족, 그리고 정의(justice) 등을 테마로 하는 할리우드 영화는 'Low Context'의 대표적 사례라 할 수 있습니다.

다른 점이나 이해할 수 없는 것은 억지로 끼워 맞추는 것이 아니라 그대로 인정한다는 것, 그것이 다양성입니다. 그리고 이해할 수 있는 공통의 언어가 무엇인지 살펴보고, 그것으로 커뮤니케이션을 행합니다. 비즈니스 세계에서 이것은 논리와 숫자로 대변될 수 있습니다.

일본기업에서 일할 때도 당연히 논리와 숫자로 의사소통을 한다.

다양성은 백그라운드가 다른 사람들의 다양한 차이를 서로 인정한다는 것입니다.

일본 사회에서는 전통적인 과거의 가치관을 존중하여 그곳에 모든 사람들이 맞추거나, 혹은 새로운 가치관 쪽에 맞추는 등 억지로 하나의 것으로 통일시키려는 경향이 강합니다. 그러나 다양화가 확산된 지금, 설령 일본인까지도 일하는 방식이나 가치관을 억지로 끼워 맞추려 하는 것은 무리가 따른다는 점을 인식하는 편이 서로에게 좋지 않을까 생각됩니다.

전원이 납득할 수 있는 'Low Context'한 룰이나 기준만을 내걸고 논리와 숫자로 커뮤니케이션을 하여야 합니다. 이미 일본 국내에서도 다국적기업과 같은 커뮤니케이션 방법이 요구되는 시대가 도래하고 있음을 인지해야 합니다.

☑ 다국적 팀이든 일본기업이든 일할 때는 다른 것, 맞출 수 없는 것들은 그대로를 인정한다. 그 대신 공통의 언어인 논리와 숫자로 말하면 된다.

모든 사람들의 공통어는 '논리와 숫자'

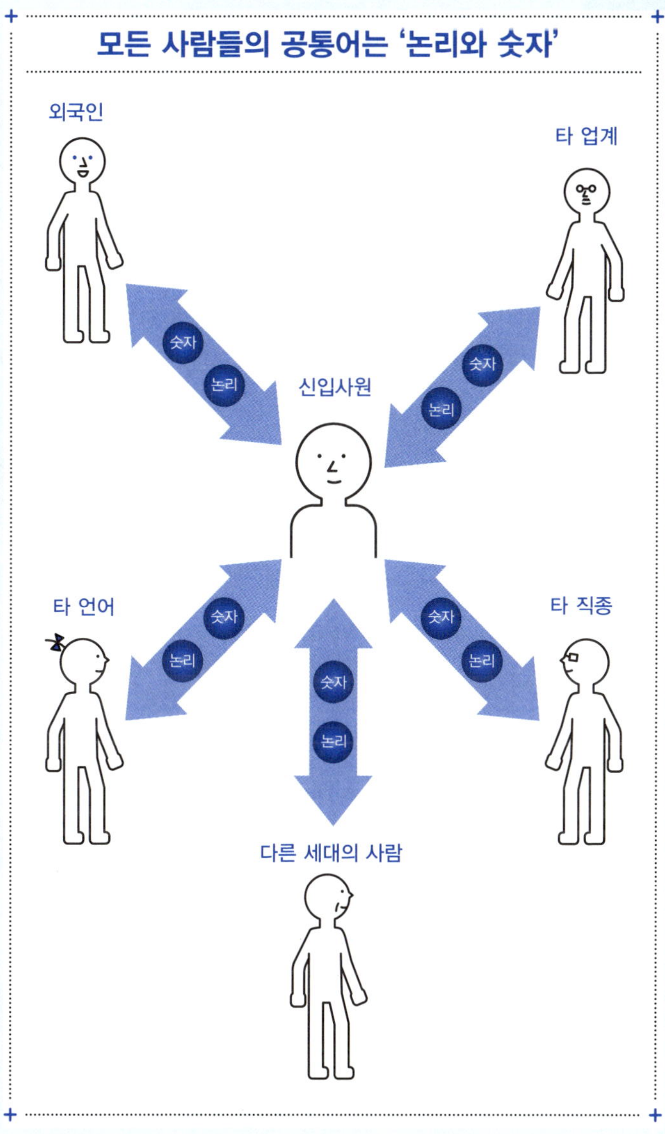

7 감정보다 논리를 우선하기

지금까지 논리와 숫자로 말하는 중요성을 이야기해 드렸는데요. 그러면 이에 대한 반론으로 "사람을 움직이는 것은 논리가 아니라 상대를 이해하려는 감정이 아닌가?"라는 이야기가 어디선가 들려올 것 같습니다.

확실히 논리라는 이미지가 강한 컨설턴트라고 해도 베테랑이 되면 때로는 감정에 호소하거나 이를 강조해 이야기하려는 경우도 적지 않습니다. 사람을 움직일 수 있는 정말 설득력 있는 이야기는 논리적인 면과 감정적인 면 두 부분 다 필요할 수 있습니다.

그런데도 굳이 제가 여기서 '논리'라 말하는 것은 "만약 논리와 감정 중 어느 것을 우선시해야 하느냐?"고 젊은 사람들이 물어온다면 바로 논리를 우선시해야 한다고 대답할 것이기 때문입니다.

이번에 제가 취재한 컨설턴트 중 한 명인 EY Japan이라는 컨설팅 회사(2014년 당시)의 오쿠이씨도 신입사원이라면 우선 논리를 우선으로 이야기하는 것을 익혀야 한다고 조언합니다. "감정이나 열정으로 밀어붙이는 것은 베테랑이 되고 나서라도 늦지 않다"고 덧붙였습니다. 왜냐하면 클라이언트들은 항상 스마트하기 때문이라고.

감정에 호소하며 설득하려는 젊은이는 신뢰 받지 못한다.

기업의 최일선에서 비즈니스를 하고 있는 사람들은 설령 전통적인 혹은 아무리 일본적인 비즈니스 스타일을 고수하며 일하고 있는 것처럼 보여도 의외로 젊은 사람들이 생각하는 것보다 훨씬 더 합리적으로 일하고 있습니다.

논리가 통하지 않는 부분을 열정으로 보완하거나, 좀 애매한 부분을 감정으로 설득하려고 해도 그 진의는 금방 간파되고 맙니다. 그리고 그런 행동을 하는 사람은 결코 신뢰받지 못합니다.

먼저 논리에 맞는 스토리를 가져가지 않으면 상대방은 이야기를 들어 주지도 않습니다.

논리를 소홀히 하고 열의나 감정만으로 파고들다 보면 상대방의 경험이 풍부할수록 잘 통하지 않는 경우가 허다합니다.

대기업은 물론 아무리 영세한 기업이라도 경영자에 가까운 입장의 사람일수록 더욱더 숫자로 사물을 파악하고 합리적으로 판단하고 있습니다.

경영자는 당연히 누구보다 성과에 책임을 지기 때문입니

다. 그래서 어려운 논의라도 조리 있고 성과로 이어지는 것이라면 의외일 정도로 귀를 기울여 줍니다.

책임지는 자리의 사람일수록 숫자와 감정을 구별합니다.

최종적으로 납득을 받기 위해서는 논리적인 것은 물론이고 감정적인 면에서도 뛰어나야 할 필요가 있다는 점에는 동의합니다. 물론 최종적으로는 그러한 균형을 목표로 해야 하지만 신입사원이 논리보다 감정에 호소하는 것은 너무 빠르지 않냐는 것입니다. 우선, 스토리에 논리성을 갖추지 못한다면 이야기조차 들어주지 않을 가능성이 큽니다. 업무의 출발선조차 서지 못하는 것입니다.

☑ 논리만 통한다면 윗사람도 귀를 기울여 준다.
☑ 논리적인 말을 하지 못하면 출발선조차 서지 못한다.

논리와 감정의 차이

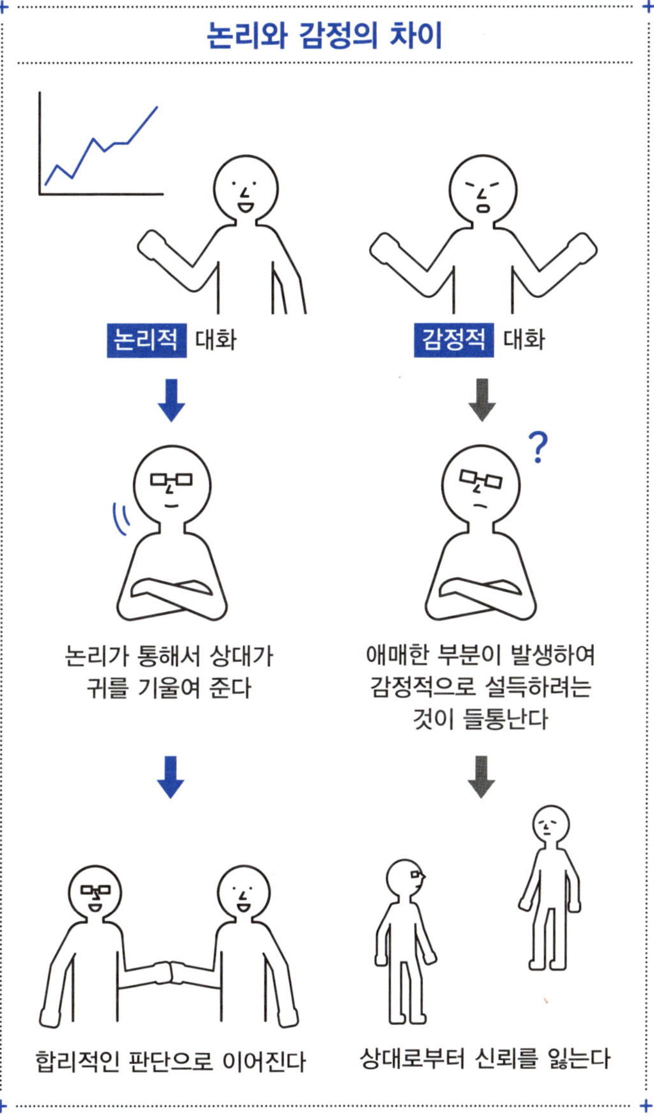
논리적 대화
감정적 대화
?
논리가 통해서 상대가
귀를 기울여 준다
애매한 부분이 발생하여
감정적으로 설득하려는
것이 들통난다
합리적인 판단으로 이어진다
상대로부터 신뢰를 잃는다

8 전제부터 말하기

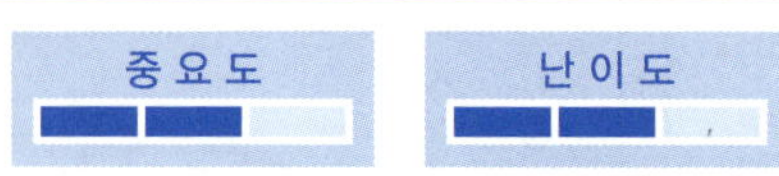

많은 컨설턴트들의 경험담을 들어보면 '상대방이 이해할 수 있게 말하는 스킬'이 가장 중요하다고 지적하는 사람이 많았습니다. 그리고 이를 습득하기 위해서 신입사원 시절에 많은 노력을 해왔다고 입을 모아 얘기했습니다.

앞서 소개해 드린 오쿠이씨로부터 배운 것이 있는데요, 먼저 일부러 데이터를 전혀 모르거나 상황을 이해하지 못하는 일반 사람을 상대로 설명하는 연습 방식이 있습니다.

예를 들면, 가족을 상대로 "이러한 최종 목표를 설정하여 이러한 전제와 이러한 방식으로 프레젠테이션을 하고자 하는데 어떻게 흐름이 이해하기 쉽습니까?"라고 연습하는 것입니다.

물론 상대는 관련 데이터에 대한 지식이 전혀 없는 일반인이기 때문에 특정 부분의 설명에 대한 질문을 할 수는 없을 겁니다. 그러나 여기에서 확인하고자 하는 것은 "전체적인 이야기의 흐름이 자연스러운 것인가?"라는 점입니다.

오히려 지식이 없는 일반인이 여러 상황이나 전제 등을 이해하지 못하거나, 또는 알지 못하기 때문에 제대로 된 지적이나 조언을 해 주는 경우가 많습니다.

- 어떻게 그렇게 단언할 수 있습니까?
- 그렇다면 이런 부분을 먼저 얘기하는 편이 좋을 것 같습니다만.
- 이런 흐름이라면 이 부분이 먼저 와야 자연스러울 것 같은데, 어떻습니까?

사람들은 의외로 자기 스스로에 대해서는 잘 모르는 법입니다. 그 컨설턴트(오쿠이 씨)는 가끔 가족들로부터 근본적인 지적을 받았다고 합니다.

이렇게 가족에게 이야기해 보고 깨닫는 부분은 자신들의 입장에서는 기본 상식에 해당되는 내용일지라도 상대방이 모를 수 있다는 것을 인지해야 한다는 점입니다.

상식이라 생각되어도 처음부터 설명하자

저 같은 경우에는 이를 이해하고 실천하는 데 많은 고생을 했습니다. 저도 모르게 "이 정도는 상대방도 알고 있겠지? 이런 간단한 것을 설명하면 오히려 싫어하지 않을까? 조금 높은 수준의 이야기를 하는 편이 상대방도 만족하지 않을까?" 라는 생각에 점점 더 세부적이고 전문적인 이야기를 해버리곤 했습니다.

제가 처음으로 개최한 'Logical Thinking 세미나'는 지금 다시 생각해봐도 너무나 엉망이었습니다. 참가자들이 작성한 설문지의 감상 내용은 "무슨 말인지 전혀 모르겠다. 더 쉽게 말해 주었으면 좋겠다"라는 이야기가 대부분으로, 크게 낙담했던 기억이 납니다.

그 이후 '상대방은 이 주제에 대해 아무런 지식이 없다'는 전제하에 이야기를 하기로 마음먹었습니다. 즉, 처음부터 이야기한다는 것입니다. 처음부터 이야기한다는 것은 정말 제로부터 이야기한다는 것입니다.

예를 들면, 취준생들에게는 친숙한 'Pre-entry[1]', 'Entry Sheet'라는 용어입니다. 취준생끼리 이야기하다 보면 그 정도는 누구나 알고 있다고 생각하기 쉽지만 결코 그렇지 않습니다. 만약 당신이 취준생 이외의 사람에게 취업 활동에 대해 설명하고자 한다면, "일본 대학생들의 취업 활동은 일반적으로 Pre-entry, Main-entry, Entry Sheet 제출, 필기 전형, 그룹 면접, 개별 면접, 최종 면접, 합격 등 8가지 단계가 있다"

---

1 일본은 대학 3년 겨울방학부터 Pre-entry를 하는 경우가 많습니다. Pre-entry는 자신이 취업을 희망하는 회사측에 자기가 이 회사에 관심이 있다는 의사 표시를 하는 것입니다. 특정 사이트에 이름이나 주소, 간략한 개인정보, 그리고 학교명을 등록, 그 후 해당 회사로부터 취업 안내 내용이나 회사 안내서를 받아볼 수 있는 제도로서 대부분의 일본기업에서 행하고 있습니다.

고 상당히 기본적이고 세부적으로 설명할 필요가 있습니다.

☑ 지식이 전혀 없는 사람에게 설명한 후, 그 이해도를 시험해 보자.

☑ '세상 누구나 알고 있다'는 맹신을 버리자.

전제가 되는 '제로'부터 말하는 사례

전제 누구라도 알고 있을 것이라 착각하고 있는 것

학생들의 취업활동에는 Pre-entry, Main Entry, Entry Sheet 제출, 필기 전형, 그룹 면접, 개별 면접, 최종 면접, 합격 등의 8가지 과정이 있다.

기초 지식 말하는 자신이 생각하는 기본 지식

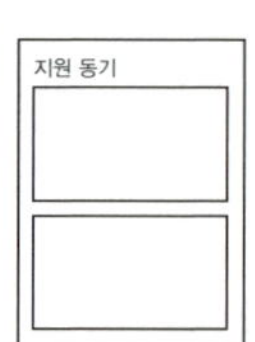

Entry Sheet는 일반적으로 해당 기업의 홈페이지 혹은 취업활동 모집 사이트 등을 통해서 제출하는 편이 많다. 기업에 따라서는 우편접수만 받는 경우도 있다.

전달 내용 자신이 전달하고자 하는 이야기의 포인트

Entry Sheet를 어떤 식으로 작성해야 기업의 입장에서 마음에 들어 할 것인가라는 부분을 설명해 보면…

9 상대방의 이해 정도를 확인하면서 말하기

앞서 언급한 대로 상대가 아무것도 모를 것이라는 전제 하에 내용을 정리한 후에 준비도 철저히 했다고 생각하며 발표나 대화를 시도하더라도 '과연 이 내용으로 충분할까? 상대가 이해할 수 있을까?'라는 불안감을 가지기 마련입니다.

만약 대화나 발표 중에 뭔가 만족스럽지 못하거나 부족하다고 느꼈을 때에는 그 자리에서 보충설명을 더할 필요가 있습니다.

만약 상대방이 특정 부분을 가리키면서 "이 부분이 잘 이해가 되지 않습니다만"이라고 질문을 해주면 너무나도 고맙겠지만, 일본인들의 경우 질문 자체가 실례라고 생각하거나 혹시 이해가 되지 못했더라도 그 자리에서 질문을 하는 것에 익숙하지 못합니다.

얼핏 보면 이해하고 있는 것처럼 보여도 실제로는 전혀 이해하지 못하고 있는 경우도 생각보다 많습니다. 어떤 컨설턴트의 경우 신입사원 시절에 발표 장소에서 상대방을 의식하지 않고 자신의 스피드에 맞춰 설명한 후 청중들로부터 아무런 질문도 없자 상대방이 충분히 이해했다고 착각해버렸다고 실토하기도 했습니다.

프레젠테이션이나 설명이라는 것은 하는 쪽에서 보면 제대로 자료를 만들어 준비한 것이고, 그렇기 때문에 '내용의 흐름도 잘 되어 있고, 몇 번이나 체크한 완벽한 자료니까 분명 상대방도 쉽게 이해해 줄 것이다'고 무심코 생각하기 쉽습니다. 그 결과 일방적으로 자신의 페이스에 맞춰 말을 이어가게 되어버리는 것입니다.

하지만 듣는 사람은 그 스피드를 따라가지 못하고, 무엇인지 알지도 못한 채 묵묵히 앉아있는 경우가 적지 않습니다. 만약 **상대방이 아무런 반응도 보이지 않는다면, 그것은 이해를 해서가 아니라 이해하지 못하고 있다는 사인**이라고 생각하는 편이 더 나을 것입니다.

상대방의 몸짓을 관찰하며 이해도를 살피자

청중들의 무반응 이외에도 상대방의 이해도를 가늠할 수 있는 방법은 있습니다.

일단 **진짜 기본 내용부터 얘기해 본 후, 상대방의 상태를 살펴보는 것**입니다. 만약 고개를 끄덕이며 수긍하는 모습을 보인다면 조금 스피드를 빨리해도 된다고 이해하면 됩니다. 상대가 기초적인 것을 이미 알고 있는 것 같으면 그 부분은 건너뛰고 설명하면 된다는 의미입니다.

상대방의 이해도를 측정하려면 상대방의 몸짓을 관찰할 필요가 있습니다. 예를 들면 상대방이 배포 자료를 넘기는 속도입니다. 내가 자료를 넘기면서 앞으로 넘어가려고 할 때, 아직도 앞 페이지를 힐끔힐끔 보고 있다는 것은 뭔가 이해가 안 되는 부분이 있다는 것입니다. 반대로 다음 페이지를 계속 넘겨 읽고 있는 사람이 있다면 내 설명에 지루함을 느끼거나, 얼른 요점을 이야기했으면 좋겠다고 생각할 가능성이 높습니다.

이쪽을 보려 하지도 않고 옆 사람의 얼굴을 본다는 것은 이해하지 못한다는 사인입니다. 자료를 여러 페이지 앞으로 넘겨서 확인하는 것도 마찬가지입니다. 또한 "대충 무슨 말인지 알겠습니다"라는 애매한 대답은 전혀 이해하지 못한다는 의미로 이해하시면 됩니다.

이러한 발표 현장에서의 스킬이 하루아침에 가능할 것이라 생각지 않습니다만, 상대방의 이해도를 나타내는 사인을 의식적으로 파악하여 설명 속도를 조절하거나 어려운 부분은 다시 설명하는 등 임기응변을 발휘하여 실시할 수 있게 되면 당신도 프레젠테이션의 프로가 될 수 있습니다.

☑ 무반응은 이해가 아니라 '모르겠다'는 사인이다.
☑ 상대방의 이해도를 나타내는 사인을 의식적으로 확인하자.

상대방의 이해도를 나타내는 사인

이해하고 있다는 사인

고개를 끄덕거림

페이지를 넘기면서
스피드를 맞추고 있음

이해하지 못한다는 사인

옆 사람의 얼굴을 보고 있음

답변이 애매모호함

10 상대방의 포맷에 맞추기

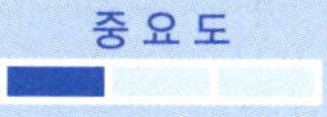

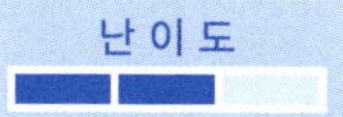

전달하는 측이 제대로 전달하였다고 생각하더라도 상대방이 이를 이해하지 못했다면 아무런 의미가 없습니다. 상대방이 제대로 이해한 후 이를 납득함으로써 비로소 제대로 전달되었다고 말할 수 있습니다. 앞서 소개한 오쿠이씨로부터 배운 최강의 전달방법을 소개하고자 합니다. 다름 아닌 철저하게 상대방의 입장에 맞추라는 것입니다.

오쿠이씨가 작성한 용역보고서를 보면 단지 보기 좋게 작성한 '본인'만의 보고서 양식만이 아닌, 고객사의 보고서 양식을 활용해서 사내 다른 부서원들에게도 설명할 수 있게 자세한 내용을 덧붙인 것이었습니다. 즉, 고객의 사내 문서 양식에도 맞추어 작성된 것이었습니다.

그때, 오쿠이씨는 고객들이 그들의 회사에서 작성해 온 과거의 자료들을 철저히 분석, 해당 회사가 원하는 목차나 설명 순서, 문서의 흐름, 관점에 이르기까지 철저하게 연구하여 그 고객들이 추구하는 자료 작성 방법의 특징을 추론해 낸 것입니다. 즉, 고객사의 사고 패턴을 학습한 것입니다. 그리고 해당 회사의 양식에 따라 가능한 한 최대로 흡사한 자료를 만들었던 것입니다.

이 뿐만이 아닙니다. 타이틀을 붙이는 양식, 폰트, 색상에 이르기까지 모든 포맷을 고객사의 틀에 맞췄습니다. 고객이 사내 관계자에게 설명하는 모습을 연상하면서 이 부분에서는 이런 순서로, 이러한 사례를 들면서 설명할 것이라는 상상까지 하면서 자료를 작성했다고 합니다.

상대방이 제대로 이해한 후 처음으로 그 메시지가 전달되었다고 생각하여야 합니다. 그러기 위해서는 상대방의 말투나 사고방식까지도 이해하고 따라 하려는 자세가 필요할 때도 있습니다.

사내용어와 사외용어를 명확히 하여 상대방이 사용하는 표현방식에 맞춰라

상대의 포맷과 처한 상황에 맞추어 가는 것과 더불어 상대와 말을 맞추는 것도 매우 중요합니다. 대학생이 사회인이 된 후 가장 먼저 알아야 하는 것 중 하나는 사내용어와 업계의 용어의 구분이라고 생각합니다만, 이와 동일하게 고객사를 이해하는 것에도 이러한 노력은 똑같이 요구됩니다. 왜냐하면 사내용어야말로 그 회사의 독자적인 사고방식이 반영되어 있기 때문입니다.

입사 1년차라면 자기 회사의 사내용어를 이해할 필요가 있습니다. 더불어 그 용어들이 사외에서도 동일한 의미로 통용되는지를 확인한 후, 사내용어와 사외용어를 명확하게 구별할 수 있어야 합니다. 이를 의식적으로 실행함으로써 자신들이 어떤 업무관을 가지고 있는지, 다른 사람들은 어떤 생각을 가지는지를 객관적인 입장에서 이해할 수 있게 됩니다.

일반적으로 사용하는 용어일지라도 그 회사 내에서 독자적인 의미로 사용되는 경우도 있기 때문에 주의할 필요가 있습니다. 예를 들면 제가 입사한 회사의 경우 '컨설팅 프로젝트'를 'Job'이라고 불렀습니다. 'Job'이라면 흔히 일반적으로 '일'이라고 생각합니다. 다른 회사 사람들은 'Job'을 결코 '컨설팅 프로젝트'라 생각하지 못할 것입니다.

이는 완전히 해당 회사만이 사용하는 독자적인 용어이기에 같은 컨설팅 업계에서도 통용되지 않을 것입니다. 타사의 경우, '프로젝트' 혹은 '케이스'라 부른다고 합니다.

무엇이 사내용어인지, 어떤 것이 사외용어인지 잘 알지 못할 경우에는 구글 검색으로 알아보는 방법이 제일 빠를 것입니다. 해당 용어가 일반적으로 어떻게 사용되고 있는지 바로 알 수 있습니다.

☑ 문서는 상대방이 사용하고 있는 양식에 맞추어 작성하자.
☑ 언어 및 표현방식을 상대방에 맞춘다는 것은 그들의 사고방식을 이해한다는 것이다.

상대방의 사고에 맞추어 산출물을 설정

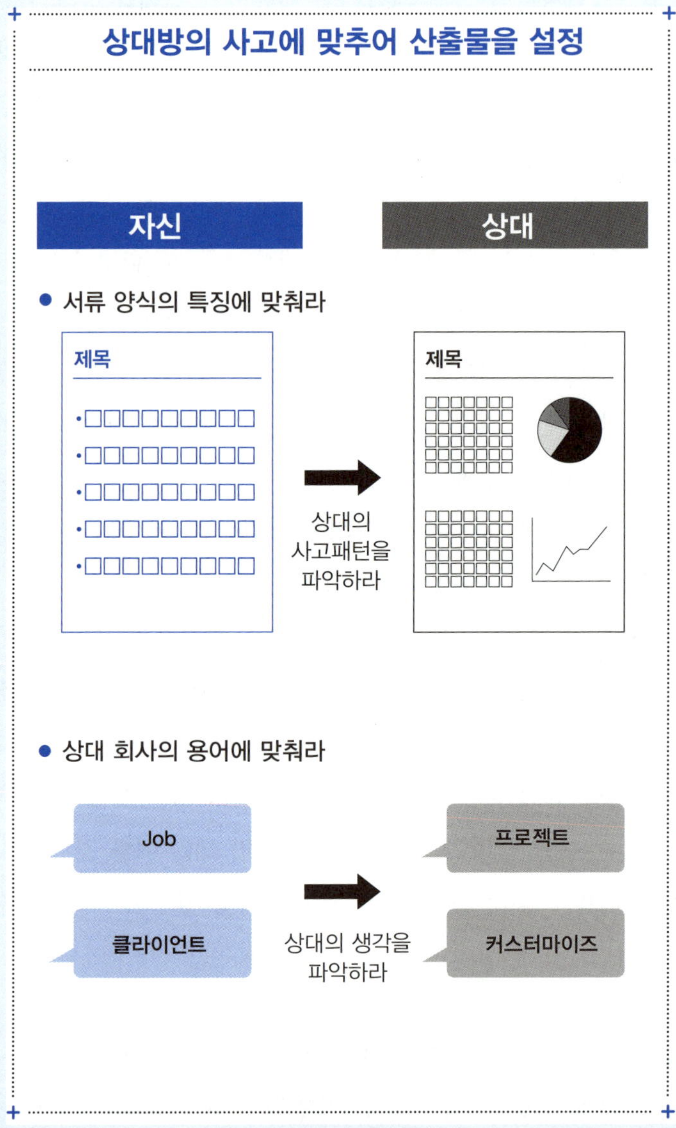

11 상대방의 기대치를 정확하게 파악하기

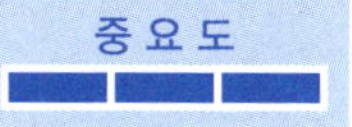

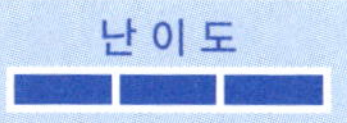

"비즈니스를 행함에 있어 가장 중요한 것은 무엇일까요?"

이러한 질문을 받았을 때 당신은 어떤 대답을 할 수 있습니까? 일에 대한 보람, 혹은 부의 축적이라는 것을 듣고자 함이 아닙니다. 항상 주위로부터 좋은 평가와 신뢰를 받으며 다음 번에도 프로젝트를 수주할 수 있느냐는 질문입니다.

취재를 통해서 많은 컨설턴트들에게 이러한 질문을 했는데, 전부 입을 모아 하나의 대답을 내 놓았습니다. 그것은 다름 아닌 '상대방의 기대치를 뛰어넘는 것'이라는 답변이었습니다.

비즈니스란 한마디로 말하면 상대방의 기대치를 항상 뛰어넘는 무언가를 계속해서 창출하지 않으면 안 됩니다. 고객이나 소비자들의 기대치를 계속해서 뛰어넘을 수 있을 것, 그리고 직장 상사들의 기대치를 초월한 역량을 보여줄 것, 이것이 비즈니스에 있어서 가장 중요한 비결이라고 단언할 수 있습니다.

상대방이 무엇을 기대하고 있는지 제대로 파악하라

이는 구체적으로 무엇을 의미하는 것일까요?

어떤 컨설턴트 분의 신입사원 시절의 강렬한 체험담을 통해 설명해 드리겠습니다.

"그런 것까지 하라고 말한 기억이 전혀 없어!"

그는 컨설턴트 1년차에 매니저로부터 크게 야단을 맞았습니다. 그 이유가 너무 일을 충실히 수행했기 때문이라고 한다면 아마 전혀 이해가 되지 않을 것입니다. 그런데도 크게 혼났다고 합니다. 무슨 일이 있었던 것일까요?

그는 1년차에 배속된 프로젝트에 어떤 서비스의 시장 규모를 산출하는 일에 몰두하고 있었습니다. 이 일에 있어서 고객이 최종적으로 알고 싶었던 것은 단순하게 '그 서비스의 시장 규모'의 금액 그 자체였습니다. 그것을 정확하고 합리적으로 산출해 내는 것이 그의 업무였습니다.

하지만 그는 너무나 열정적으로 시장 규모 외에도 관계자들에게 시행한 공청회 회의록을 다시 작성하고, 정성껏 파일링하는 등 공휴일을 헌납하며 나름 열심히 일했습니다. 어떻게 보면 매우 긍정적인 노력이라 평가할 수도 있겠습니다. 그러나 공휴일에도 혼신을 기울여 만든 보고서를 상사에게 제출하자마자 들었던 것이 조금 전의 말이었다는 것입니다.

"내가 그런 것까지 하라고 말한 기억이 없는 것 같은데! 그

보다 시장 규모의 산출을 우선적으로 했어야지, 대체 뭘 한 거야. 네가 한 일은 단순히 시간 낭비야. 공휴일도 반납해버리고, 그러다 과로로 쓰러지면 누가 책임질 건데?"

그는 이러한 사고방식의 차이에 큰 충격을 받았다고 말합니다.

확실히 고객이 요구한 것은 시장 규모의 산출이었습니다.

데이터의 정확도를 높이는 방향의 노력이라면 기뻐했겠지만, 본연의 업무 내용과 관계없는 것을 붙여 봤자 고객 입장에서는 크게 좋아할 일도 아닌 것입니다. 고객의 입장에서 조금만 고민해 보면 쉽게 알 수 있는 일입니다.

요구하지 않은 것에 시간을 할애해도 클라이언트나 상사로부터 좋은 평가를 받지 못합니다.

☑ 상대방이 무엇을 기대하고 있는지 정확히 파악하라.
☑ 게다가 상대의 기대치를 뛰어넘는 것을 제공하라.

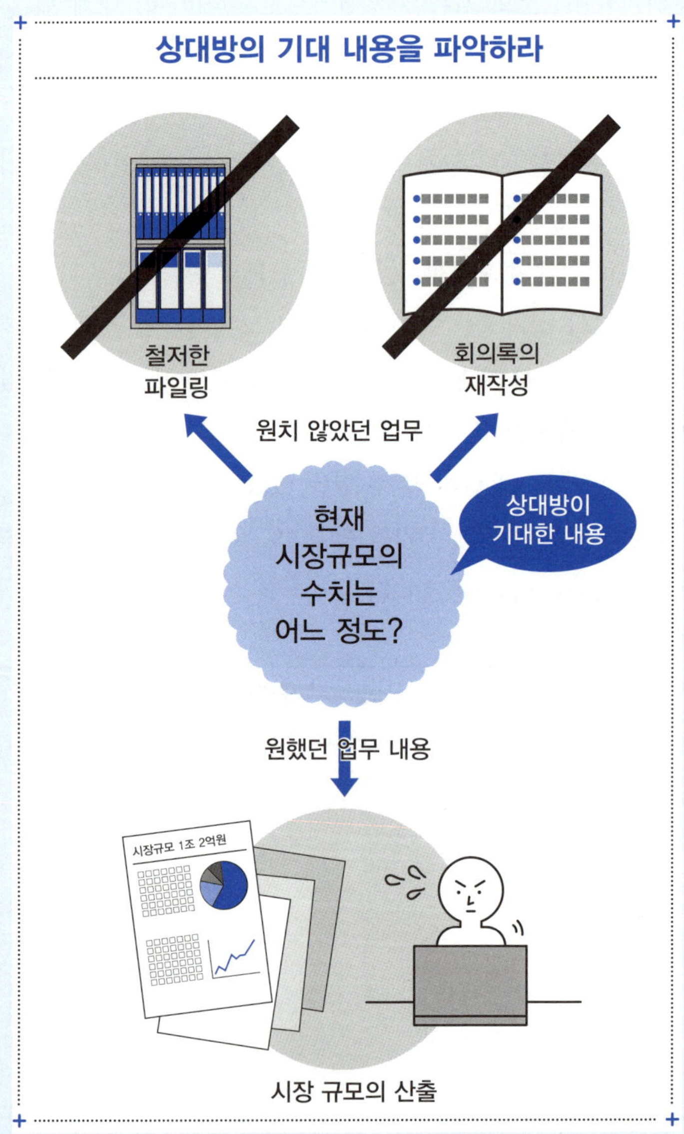
상대방의 기대 내용을 파악하라
철저한 파일링
회의록의 재작성
원치 않았던 업무
현재 시장규모의 수치는 어느 정도?
상대방이 기대한 내용
원했던 업무 내용
시장규모 1조 2억원
시장 규모의 산출

12 기대치 이상의 성과를 계속 창출하기

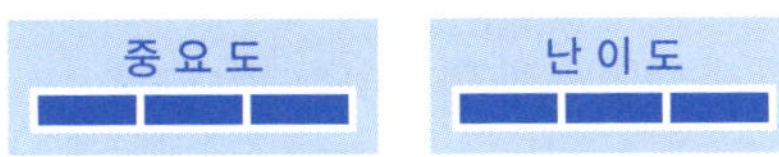

컨설팅이란 기본적으로 서비스업입니다. 그 기본은 상대방의 니즈를 듣고 그에 상응하는 것을 제공하는 것을 의미합니다. 이에 고객이 무엇을 원하는지 정확하게 파악하는 것이 무엇보다 중요합니다.

그리고 원하는 것을 이해하였다면, 그 수준을 예측하고 무슨 일이 있더라도 상대방의 기대치 이상의 성과를 제공할 수 있어야만 합니다. 이것이 비즈니스의 기본입니다.

좀 전의 사례는 '시장 규모를 숫자로 산출'하는 것이 고객이 원하는 것이었습니다. 그 외의 것은 기대하지 않았던 것입니다. 그렇다면 어떻게 상대방의 기대치를 뛰어넘어 상대에게 만족감을 줄 수 있을까요?

시장 규모를 숫자로 100% 해답을 내 놓을 수 있을 것, 이것이 최저 기대치 수준입니다. 만약 이것이 90% 정도라면 이 업무는 실패한 것이나 마찬가지입니다.

아무리 덤으로 꾸며도 전체 평가는 결코 좋아지지 않습니다.

반대로 원하는 내용만 제대로 100%의 답을 가져간다면, 극단적으로 말하면 다른 것은 '0'이라도 상관 없습니다. 상대방은 기대하지 않으니까요.

- 상대방의 니즈, 즉 어떤 성과의 품질을 요구하고 있는지를 세밀하게 파악하는 것
- 비즈니스라는 것은 그 기대치보다 조금 상위하는 것을 항상 달성해 나가는 것
- 상대의 기대치가 어디에 있는지를 파악하고 그 기대에 어긋나지 않게 한다. 그것만은 상대의 기대치를 훨씬 웃도는 120%로 달성해서 가져간다.

많은 컨설턴트들이 말하는 비즈니스의 비결, 그것은 곧 상대방의 기대치를 파악하고 가장 중요한 부분에서 그 기대치를 넘어서는 것입니다.

기대치를 충족하지 못하는 업무는 결코 계약하지 않는다

상대방의 기대치가 어디에 있으며, 어느 정도까지의 것인지 파악하기 위해서는 이를 위한 커뮤니케이션이 필요합니다. 한편, 때로는 상대의 기대치 그 자체를 매니지먼트 할 필요도 생깁니다.

즉, 기대치를 낮춰 달라고 요청하는 것입니다.

예를 들어 상대방이 모든 것에 대해 100%를 기대하고 있는 경우, 계약금에 비해 인건비와 직접비를 초과되는 것을 요구하거나, 프로젝트 완료 일자를 빨리 앞당겨야 한다고 요구하는 등의 경우에는 절대로 계약을 진행해서는 안 됩니다.

언제나 상대방의 기대치를 조금 넘는 것이 비즈니스의 기본인 이상 아무리 노력해도 상대방의 기대치를 절대 넘을 수 없다고 판단되는 안건은 받아서는 안 됩니다.

이런 경우 본질적이지 않은 부분에 대해서는 기대치를 낮추도록 사전에 커뮤니케이션을 통해 양해를 얻을 필요도 있습니다.

이것이 기대치 관리입니다.

☑ 상대의 기대치를 약간 상회할 정도로 항상 달성해간다.

☑ 때로는 상대의 기대치를 낮추는 '기대치 관리'도 필요하다.

상대방의 기대치를 상회하라

기대치를 상회하라

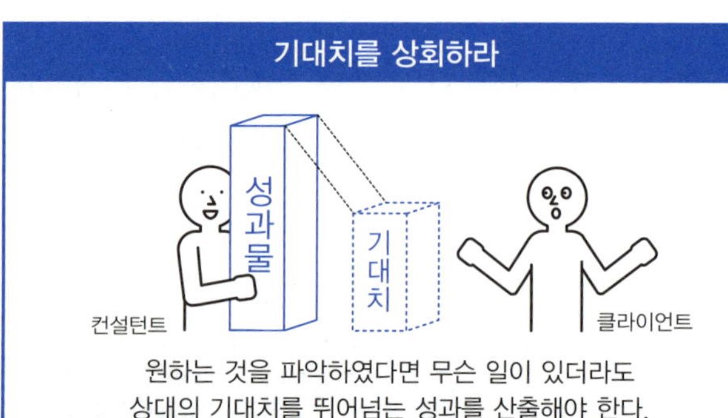

원하는 것을 파악하였다면 무슨 일이 있더라도
상대의 기대치를 뛰어넘는 성과를 산출해야 한다.

기대치를 관리하라

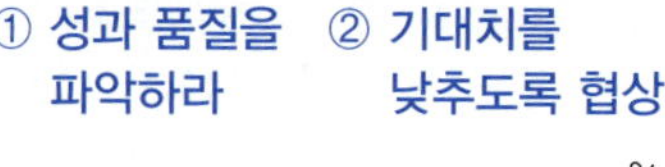

① 성과 품질을 파악하라 ② 기대치를 낮추도록 협상하라 ③ 이런 계약은 절대 사양하라

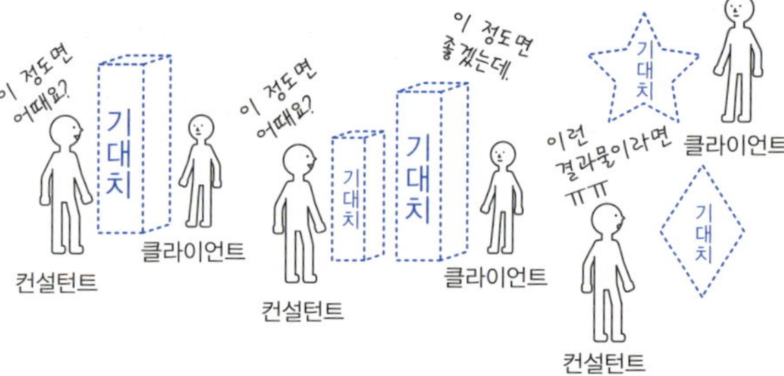

① 상대가 무엇을 원하는지 제대로 파악하기

② 본질적이지 않은 부분에 대해서는 기대치를 낮게 가져갈 수 있도록 사전에 커뮤니케이션을 취할 것

③ 상대의 기대치를 절대 맞출 수 없다고 판단되는 안건은 계약하지 않을 것

13 상사의 기대수준을 파악하기

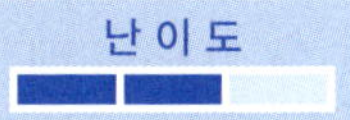

앞에서 기대치를 파악해야 한다는 이야기를 했습니다. 젊은 사람, 특히 1년차의 입장에서 볼 때 상사의 기대치를 계속 넘을 수 있는 업무 성과가 더 중요하다고 생각할지도 모르겠습니다. 시키는 대로 100% 할 수 있으면 좋겠지만, 실상 이것조차 못하는 사람이 현실에서는 부지기수입니다. 이를 조금이라도 넘어서도록 매일 끊임없이 노력하게 된다면 그 성장은 놀라울 정도로 빨라집니다.

많은 회사에서 신입사원들이 가장 먼저 듣는 말 중 하나로 '보연상(報連相)[2]'이라는 말이 있습니다. 보고, 연락, 상담의 약자입니다. 제 생각에는 단순한 정보 공유를 위한 보연상은 아무런 소용이 없습니다. 뭐든지 보연상을 해봤자 상사는 귀찮을 뿐입니다.

보연상에서는 상사와 부하가 업무의 목적과 내용에 대해 '공통의 이해를 얻는 것'이 주된 목적입니다.

부하직원이 상사로부터 일을 받을 때는 다음의 네 가지를

2 일어로 Ho(報告)−Ren(連絡)−So(相談)라고 읽는다.

잘 확인하면 상사의 기대치를 파악할 수 있기 때문에 기대치 매니지먼트가 가능합니다.

- 그 일의 배경이나 목적
- 구체적인 업무의 성과 이미지
- 성과 품질
- 우선순위와 긴급도

업무의 배경과 목적, 기대되는 성과물의 이미지를 명확히 하라

먼저 그 업무의 배경이나 목적에 대해서 다시 한번 확인하여야 합니다. 예를 들어, 조사 대상의 의뢰에서 참고 사례를 찾을 수 없는 경우에도 목적이나 배경을 사전에 들을 수 있다면 그 목적을 충족시키는 다른 조사 결과나 사례를 제시할 수 있을지도 모릅니다.

많은 업무 지시는 모호함을 불러일으킵니다. 그렇기 때문에 상사가 원하는 것이 무엇인지, 성과물의 이미지 수준을 정확하게 이해할 수 있다면 그것만으로 업무의 반은 성공하는 것과 다름없습니다.

예를 들어 "A사의 새로운 서비스로, 먼저 개략적인 조사를 해 둬"라는 지시가 있었다고 칩시다. 상당히 애매한 지시입니다. 이에 대해 "네, 개략적으로 조사해 두겠습니다"라 대답하게 되면 최악의 답변이 됩니다. '개략적'이라는 수준을 확인하지 않는다면 아마 나중에 문책당하는 것은 물론, 괜한 시간 낭비만 할 수도 있습니다.

그렇다고 해서 "개략적이란 무엇을 말하는지요? 보다 명확한 지시를 부탁드립니다"라고 되묻는 것 또한 최악입니다. 단순히 수동적으로 문제해결 능력이 없는 사람이라고 판단될 수 있습니다.

상대방 지시의 애매한 부분을 보완하여 '이런 것이 아닐까'라는 본인만의 가설을 세우고 되물어 보는 것이 정답입니다.

예를 들어 "개략적이라는 말은 제 생각에는 ① 주요 타깃, ② 서비스의 특징과 경쟁 대상과의 차별화 요인, ③ 가격체계, ④ 제공체제 등 네 가지 정도라고 생각하는데요. 각각 자료 1장씩, 표지를 포함하여 총 5장 정도로 정리하면 될까요?"라고 질문하는 식입니다.

각각 자료 1장씩, 표지를 포함하여 총 5장과 같이 성과물을 숫자로 나타내는 것도 중요합니다. 이는 성과를 이미지화할 수 있는 좋은 커뮤니케이션이 됩니다.

☑ 업무의 배경과 목적을 명확히 하라.

☑ 상대방 지시의 애매한 부분을 보충하고, 보완하라.

기대치를 관리하기 위한 4가지 확인 사항

업무의 배경과 목적	상사들 중에는 귀찮기 때문에 하나하나 말로 업무지시를 피하려는 사람이 있지만, 확인해 두면 나중에 기대치의 차이가 발생하지 않는다.
구체적인 업무의 성과 이미지	상사가 원하는 것이 무엇인지, 성과물의 이미지 레벨도 확인해 두면 그것만으로 업무의 절반은 성공한 것이나 다름없다.
산출물 품질 수준	상대가 기대하는 산출물의 품질 수준을 파악한 후, 그 이상의 성과물을 가져가게 되면 업무 평가는 더 높아진다.
우선순위와 긴급도	긴급을 요하는 업무는 마감시간을 지키는 것이 무엇보다 중요하다. 따로 업무지시를 받은 것과 업무시간이 겹쳐질 경우, 우선순위를 상사들 간에 협의하여 업무조정을 받는다.

14 상사의 기대수준을 뛰어넘기

산출물의 품질 수준은 기대 수준과 가장 관련이 깊은 부분입니다. 상사는 산출물에 대하여 어느 정도의 품질을 원하는 것일까요?

앞서 설명한 커뮤니케이션에서는 각각의 사항에 대해 '자료 1장'이라고 말하고 있습니다. 자료 1장이라고 하는 것은 정말 대략적인 개요를 전달하는 수준입니다. 여기서 상사가 "각각 3~4장은 되지 않을까"라 대답을 한다면, 개략적이라 말하면서도 나름대로 세부 내용까지 잘 조사해 주길 기대하고 있다는 것을 알 수 있습니다.

항목 수를 물어보는 것도 좋을 것 같습니다. 4개 항목 정도면 되는지, 아니면 10개 항목에 걸쳐 자세히 알아볼 것인지를 질문하는 것입니다. 그러면 상대방이 원하는 수준을 정확하게 파악할 수 있습니다.

게다가 자료의 작성 목적에 따라서도 수준을 짐작할 수 있습니다. 고객에게 제출할 보고서에 담을 만한 정확성이 요구되는 수준인지, 아니면 사내회의를 위해 필요한 참고용 자료인지, 그것도 아니면 상사의 머릿속에 참고로 입력(input)하기 위한 것인지에 따라 각각 달성해야 할 성과 품질의 수준은 달라집니다.

업무 속도에 대해서도 시간을 들이더라도 100% 정확하게 만들어야 하는 것인지, 아니면 내일 회의에서 사용하기 때문에 시간이 촉박한 것인지에 따라 상사가 기대하는 수준을 예측할 수 있습니다. 사흘 만에 100점을 원하는 것인가, 3시간 만에 60점을 원하는 것인지, 사전에 제대로 확인하지 않으면 상사의 기대를 충족시킬 수 없습니다.

이렇게 기대치를 파악한 후, 그 기대 이상의 성과물을 가지고 가는 것입니다. 기한을 우선시하는 경우는 당연히 무슨 일이 있어도 시간 엄수입니다.

우선순위와 긴급도를 파악하라

속도감, 즉 우선순위와 긴급도를 파악하는 것은 상대방의 기대에 부응하려 노력한다는 의미에서 매우 중요한 일입니다.

언제까지 필요한지, 하루인지 일주일인지, 그도 아니면 시간이 남았을 때 할 수 있다면 해줬으면 하는 정도인지를 파악해야 합니다.

또한 그 업무의 마감시간은 절대로 지켜야 하는 것인지, 만약 마감시간을 맞추지 못한다면 큰일이 나는 중요한 업무인지, 아니면 마감시간이란 어디까지나 완료되었으면 하는 희망 시간을 의미하는 것인지 확인해야 합니다.

또한 별도로 지시받은 일이나 자신의 고정 업무가 있는 경우, 어느 쪽을 우선시하여야 하는지 확인하는 것도 중요할 것입니다. 특히, 명령 계통이 여러 채널에 존재하고 다른 사람으로부터 긴급한 업무를 의뢰받은 경우 등 스스로 판단하기 어렵기 때문에 부서간에 논의를 할 필요가 있습니다. 신입사원의 경우 스스로 판단하지 않는 편이 현명합니다.

'기대치의 관리'는 컨설턴트뿐만 아니라 모든 업무에 있어서 매우 중요합니다.

일에는 어떤 상대가 존재합니다. 그 상대의 기대치를 파악하고, 거기에 충실히 대응하고, 때로는 기대치를 웃돌도록 해야 합니다. 이로 인해 당신의 평가는 꾸준히 높아질 것입니다. 그리고 기대치를 정확히 파악할 수 있다면 불필요한 노력을 들이지 않고 상대방이 만족할 수 있도록 업무 진행을 할 수 있게 되므로 결과적으로 일의 효율도 올라갑니다.

☑ 자료 작성은 목적이나 속도감으로 품질 수준을 가늠할 수 있다.
☑ '기대치 관리'는 모든 업무에서 중요하다.

상대가 원하는 품질 수준의 판단 기준

자료의 매수

자료가 1장이라면 개요만, 매수가 많다면 세부내용까지 조사해 달라는 기대라고 예측

자료 작성의 목적

사내 회의용

사내 회의용이라면 데이터는 참조할 정도면 되지만, 고객에게 제출할 자료라면 보다 정확한 내용이 요구됨

스피드 감각

시간을 들이더라도 100% 정확도를 요구할 것인지, 기일 내에 마감을 맞춰야 되는 자료인지 확인

우선순위

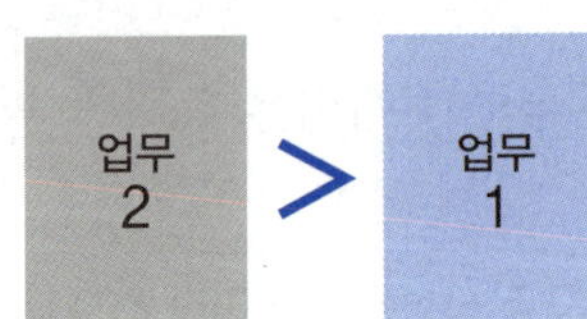

별도로 지시를 받은 업무가 있는 경우, 어떤 업무를 우선시하는지 확인

제 2 장

컨설턴트식 사고

제2장

컨설턴트식 사고

15 사고방식의 사고

'사고방식을 사고'해야 한다는 것은 업무 진행에 있어서 너무나도 기본적인 일입니다. 즉, 아무런 고민 없이 바로 작업에 들어갈 것이 아니라, 어떤 방식으로 업무를 진행해야만 원하는 해답에 도달할 수 있는지, 그에 따른 접근방법과 사고방식, 그리고 프로세스 부분을 먼저 고민해야 합니다. 언뜻 보면 멀리 우회하는 것처럼 보일 수 있겠지만, 이 단계를 착실하게 밟아감으로써 보다 효율적으로 업무를 진행할 수 있습니다.

저도 컨설턴트가 되기 전부터 일상생활 속에서 이러한 사고의 프로세스를 고민한 적은 있었지만, 어디까지나 막연하게 생각했을 뿐이었습니다. 이러한 사고의 과정을 종이에 옮겨 표현하거나, 다른 사람에게 설명할 필요가 생긴 것은 제가 첫 번째 프로젝트에 배속되었을 때의 일입니다. 즉, 제가 처음 컨설팅 회사에서 배운 것이 바로 이 '사고방식을 생각한다'는 부분이었습니다.

작업 시작 전 업무 순서를 고민한 후, 그 과정에 따른 합의를 이끈다

제가 배속된 것은 어느 대학교의 실행 지원 프로젝트였습니다. 신입사원으로서 거의 첫 번째 업무였기 때문에 트레이닝을 겸한 간단한 자료 작성이 제 임무였는데요, 신입생 모집 홍보를 위한 고등학교 방문 스케줄을 작성하는 일이었습니다.

저에게 부여된 업무 내용은 해당 대학으로의 진학을 독려할 수 있도록 타깃이 되는 '100개 이상의 고등학교 방문'이라는 부분이었습니다. 그 방문 스케줄을 만드는 것이 저의 첫 번째 업무였던 것입니다.

그다지 큰 고민 없이 수긍한 저는 어쨌든 스케줄을 만들기 시작했습니다. 지도를 참고로 고등학교 리스트를 정리하며 전철 시간표 등을 조사하려고 하였는데, 애초에 차로 갈지 전철로 갈지 이동수단을 확인하지 않았다는 것을 뒤늦게 알게 되었습니다. 매니저에게 물어보러 갔더니 이런 말을 하더군요.

"오오이시 씨, 일을 왜 이런 식으로 합니까? 바로 작업에 들어가지 말고 어떻게 진행할지를 먼저 고민부터 하세요."

사고방식을 사고한다는 것은, 달리 말하면 어떻게 해야 해답이 나오는지, 그 과정을 먼저 생각해야 한다는 것입니다.

좀 전의 스케줄 작성도 동일한 맥락인데요, 어떤 순서로 만들면 내용을 빠뜨리지 않고, 상대방이 납득할 수 있는 스케줄

이 가능한지, 그 순서를 먼저 보여줄 필요가 있었습니다. 최종 성과물을 통해 상대방의 납득을 받기 전, 업무 진행 단계에서 먼저 동의나 합의를 얻었어야 하는 것입니다.

건축을 예로 들면, 건물을 짓기 전에 절차를 포함한 상세한 설계도와 공정표를 먼저 제시합니다. 그리고 시공사의 합의를 얻은 후에 착공하게 됩니다. 건축의 경우, 짓기 시작한 후의 설계 변경은 어렵고 원칙적으로는 전 공정으로 되돌릴 수도 없습니다.

이에 비하면 고등학교 방문 일정 정도는 다소 되돌릴 수 있을지 모르겠지만, 교육훈련과정으로서 이런 간단한 업무라도 처음부터 작업 설계를 먼저 해야 하고, 그 다음에 절차 확인을 해야만 한다는 것을 가르쳐 준 것입니다.

우선 설계도라는 밑그림을 그린 후, 그 다음에 세부적으로 결정해 나간다는 컨설팅 사고법을 이때 다시 실감하게 되었습니다.

☑ 업무는 아래의 순서대로 진행한다.

1. 큰 설계도를 제시하고, 절차에 대한 합의를 얻는다.
2. 절차에 따라 세부 작업을 진행한다.

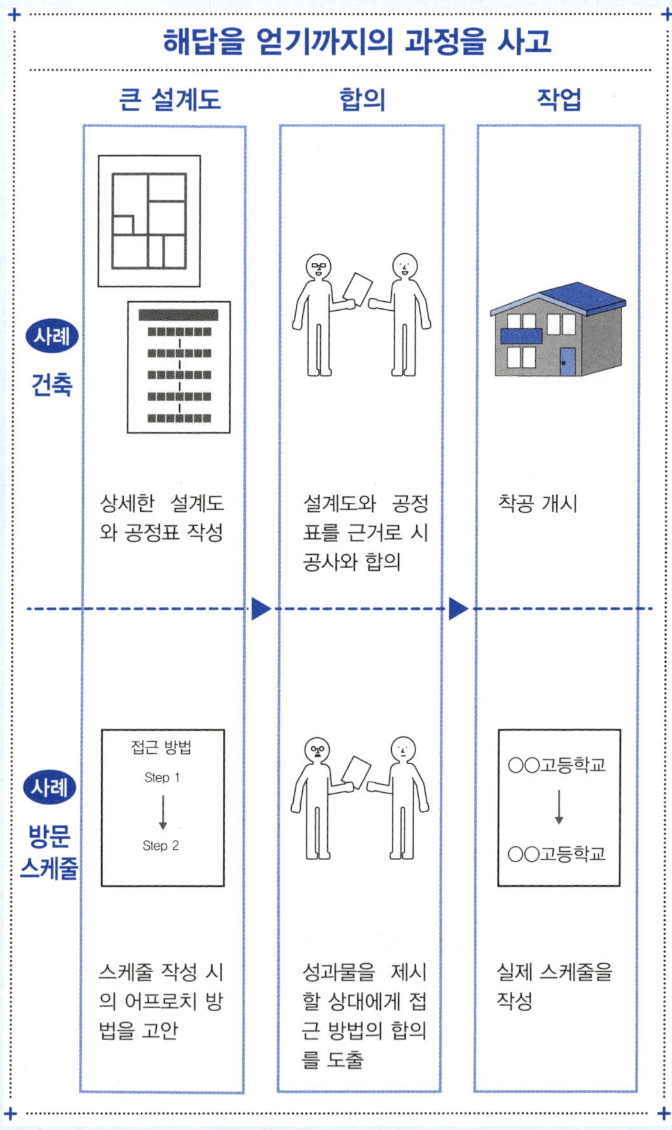
해답을 얻기까지의 과정을 사고
큰 설계도
합의
작업
사례
건축
상세한 설계도와 공정표 작성
설계도와 공정표를 근거로 시공사와 합의
착공 개시
사례
방문 스케줄
접근 방법
Step 1
Step 2
○○고등학교
○○고등학교
스케줄 작성 시의 어프로치 방법을 고안
성과물을 제시할 상대에게 접근 방법의 합의를 도출
실제 스케줄을 작성

16 '사고방식의 사고'의 구체적 사례와 장점

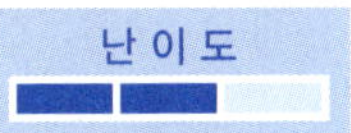

컨설팅 회사 업무는 먼저 '클라이언트에게 어떤 성과를 가져다 줄 수 있는가'라는 제안서를 작성하는 것에서 시작됩니다. 어느 날 저도 제안서 작성에 합류하게 되었습니다.

컨설팅이라는 것은 해 보지 않으면 어떤 결과물이 나올지 예측하기 어려운 서비스업의 최고 정점에 위치합니다. 최종 보고서가 어떤 내용으로 구성될 것인지는 제안 단계에서는 솔직히 알 수 없습니다. 그럼에도 불구하고 도대체 어떻게 했길래 컨설팅을 의뢰하는 기업들에게 돈을 지불하라고 설득할 수 있는지 그 부분이 너무나도 신기했습니다.

사실 제안서 작성이야말로 '사고방식을 사고한다'라는 작업 그 자체였습니다. 컨설팅 제안서는 구체적인 내용은 언급하거나 파고들지 않고, 프로젝트를 어떤 방식으로 진행할지에 대한 방향성만 제시한 것입니다.

즉, 이런 방식을 활용해서 저러한 요소나 내용들을 조사해 나간다면 그 문제점을 해결할 수 있다는 문제해결의 프로세스를 제안하는 것입니다.

실제로 작업 순서를 생각해 보자

예를 들어, 좀 전의 '신입생 모집을 위한 마케팅'이라는 제안서에는 다음과 같은 내용이 적혀 있습니다.

① 먼저, 마케팅 활동의 목적과 목표를 확인하고, 대학측 관계자들과 그 내용을 협의하여 합의를 도출합니다.
② 다음으로 응시생들의 원서 제출 동향을 조사합니다. 구체적으로는 지역들을 편차 값으로 나누어 어느 학생이 어느 지역 출신이고, 그 결과는 어떠한지 분석합니다.
③ 해당 대학의 원서 제출자와 합격자에 대해서도 동일한 분석을 실시합니다. 해당 대학의 원서 제출자들의 출신 지역과 합격자 및 입학률을 분석하여 동일한 편차치의 경쟁대학과 비교합니다.
④ 전국 동향, 경쟁대학 동향, 해당 대학의 동향이라는 세 가지 측면에서 해당 대학의 입학자가 감소하고 있는 진짜 원인을 찾아 냅니다. 그 후, 보고회를 개최하여 향후 방침을 검토합니다. (중간 보고)
⑤ 향후 목표로 해야 할 지역이나 고등학교를 결정합니다.
⑥ 이상의 업무를 2개월 반 만에 진행할 예정입니다. 비용은 ○○○만 엔입니다.

위와 같은 절차를 통해 그런 분석을 하면 확실히 의미 있는 결론이 도출될 것이라 생각될 것입니다. 그렇기 때문에 대학측 관계자인 클라이언트에게 제안된 과정을 검토해 달라고 합의를 구하는 것입니다. 이 작업이 컨설팅 수주에 해당됩니다. 실제 작업 진행이나 리서치를 행하는 것은 수주한 후의 일입니다.

이런 방식은 다음과 같은 세 가지 장점이 있습니다.

- 먼저, 작업의 전체 흐름이 보이기 때문에 완성까지의 단계를 예측할 수 있어 클라이언트들에게 안도감을 줄 수 있습니다.
- 두 번째, 관계자끼리 업무 순서나 접근방법을 사전에 합의하였기 때문에 나중에 추가 요구나 클레임의 소지가 없습니다.
- 세 번째, 사전에 작업의 난이도나 업무량의 예측이 가능하여 견적이 용이합니다.

☑ '사고방식의 사고'라는 작업은 문제해결의 전체상을 설계하는 것이다.

☑ 전체상이 보이면 업무가 가시화되어 진행 방법이나 난이도를 예측할 수 있다.

업무 순서를 사고하는 연습문제

Q. 3명이 해외 여행을 계획하고 있습니다. 어떤 방법으로 여행지를 검토한다면 순조롭게 결정지을 수 있을까요?

〈해답 예〉

❶ 일정 합의

각각의 휴가 일정을 검토하여 여행 일정을 결정한다.

8월

MONDAY	TUESDAY	WEDNESDAY	THURSDAY	FRIDAY	SATURDAY	SUNDAY
31	1	2	3	4	5	6
7	8	9	10	11	12	13
14	15	16	17	18	19	20
21	22	23	24	25	26	27
28	29	30	1	2	3	4

❷ 여행지 선정

휴가 일정에 갈 수 있을 것 같은 국가 10개 정도를 선별하여, 국가별로 어떤 것을 즐길 수 있는지 간단하게 조사한다.

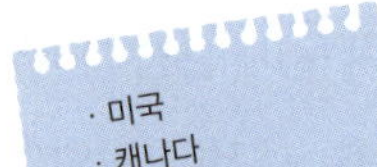

- 미국
- 캐나다
- 호주
- 중국
- 인도

❸ 평가회 개최

관광, 먹거리, 액티비티, 비용의 네 가지 측면을 고려하여 표로 작성한다.

	관광	먹거리	액티비티	비용
미국	8	6	4	2
캐나다	6	5	8	3

❹ 여행지 결정

가장 평가가 좋은 여행지로 협의하여 결정한다.

17 로직 트리의 기본

중요도 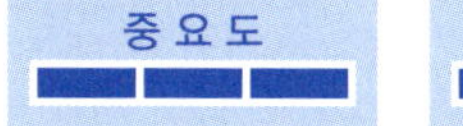 난이도 

컨설팅 회사에 입사하여 배우는 것 중 가장 대표적인 것이 '로직 트리(Logic-Tree)', '구조화', 그리고 '문제해결방법'이라는 일련의 '로지컬 씽킹(Logical Thinking)'과 문제해결의 순서입니다.

제가 '로직 트리'라는 사고방식을 처음으로 접한 것은 학창시절 때였습니다. 오오마에 켄이치 씨의 『기업참모(企業參謀)』[1]라는 책을 통해 '로직 트리'를 처음으로 알게 되었고, 이를 계기로 관련 책들을 모두 찾아 읽으며 공부하였습니다. 특히 현재까지도 고전으로 불려지는 『(신판) 문제해결 프로페셔

1 1985년 10월에 코단샤(講談社)에서 출간된 책으로 이제까지 총 50만부가 팔린 스테디 셀러로서 시장분석과 기업의 전략 입안 방법 등 현재에도 통용될 수 있는 표준적 접근을 논리적으로 집필한 책이다. 저자는 와세다대학교 이공학부 응용화학과를 졸업한 후 도쿄공업대 대학원 원자핵공학과에서 석사학위를 취득하고, MIT공대 원자공학과에서 박사학위를 받았다. 1972년 맥킨지에 입사하여 그 당시 메모해 두었던 내용이 '기업참모'라는 이름으로 출간되었다. 그 후 1979년에는 맥킨지의 일본 지사장을 역임하였다.

널 '사고와 기술'』(사이토 요시노리(저), 다이아몬드사)[2]는 로직 트리와 문제해결 부문의 바이블인데요, 저는 이 책을 통해 많은 스킬들을 습득할 수 있었습니다.

로직 트리의 기본 개념은 컨설팅 회사에 입사하지 않아도 충분히 배울 수 있습니다. 왜냐하면 컨설팅 회사에서 처음 받았던 신입사원 연수 때 배운 내용도 앞에서 소개한 『문제해결 프로페셔널 '사고와 기술'』과 거의 유사한 것들이었기 때문입니다.

제가 드리고 싶은 말은 결국 컨설턴트의 문제해결 방법에는 뭔가 대단한 숨겨진 스킬이 존재하지 않는다는 점입니다. 아주 기초적인 방법론을 응용하고 있다는 것에 불과하다는 점을 꼭 기억해 주십시오.

빠뜨림 없이, 중복 없이 논점을 밝혀 나간다

로직 트리에서 문제를 해결하기 위해서는 아래의 네 가지를 수행해야 합니다. 컨설팅 과정에서는 이러한 내용들을 정

---

2 2010년 4월에 출간된 책으로, '제로베이스 사고', '가설 사고', 'MECE(Mutually Exclusive, Collectively Exhaustive)', '로직 트리' 등 두 가지 사고, 두 가지 스킬, 한 가지의 프로세스를 통해 비즈니스 현장에서 문제해결을 실천하는 방법을 체계화한 서적이다.

밀하게 실시합니다.

① 논점을 정리하여 개념을 분류한다.
② 각 논점에 대하여 수치 분석을 한다.
③ 항목의 가중치를 부여한다.
④ 실행에 접목한다.

아무리 크고 복잡한 문제라도 로직 트리를 활용하여 작은 문제(개념이나 항목)로 분류함으로써 각각의 논점에 대해 논의하고 분석할 수 있게 되며, 전체적인 해답을 도출할 수 있습니다.

그럼 『문제해결 프로페셔널 '사고와 기술'』에 적혀 있는 '다이어트를 하려면?'이라는 예제를 인용하며 설명해 보도록 하겠습니다.

먼저, '다이어트를 하려면?'이라는 논점을 트리 형태로 분류해 나가면서 빠뜨림 없이, 중복되지 않게 논점을 밝혀 나갑니다. 이 예시에서는 분류를 해본 결과, 6개의 논점으로 정리될 수 있었습니다(그림 참조).

논점을 정리한 후 6가지 논점에 대해 수치 분석을 추가합니다. '기초 대사율을 높인다'는 논점에 대해서는, 예를 들어 연령별 기초 대사율의 평균값을 알아보고, 대상 인물의 대사율과 비교해 향상 가능성이 몇 %인지 알아봅니다. 혹은 그 인물의 근육 양을 조사하여 트레이닝으로 늘릴 수 있는 근육 양과 트레이닝 시간 투입 량 등과 같은 것을 그래프로 만들어 보는 식의 분석도 가능합니다.

그 결과를 기반으로 다이어트에 가장 효과적이라고 생각되는 것을 실행안으로 설정합니다.

물론 이 방법을 잘 사용하기 위해서는 꾸준한 트레이닝이 필요하겠지만, 먼저 기본부터 개념 공부를 하고 싶다면 책을 통해서도 그 노하우를 충분히 배울 수 있습니다.

- ☑ 로직 트리의 문제 해결을 위해 네 가지 과정을 정밀하게 수행한다.
- ☑ 로직 트리의 활용에는 꾸준한 트레이닝이 필요하지만, 기본 개념은 책으로도 충분히 배울 수 있다.

'다이어트 방법'을 로직 트리로 분류

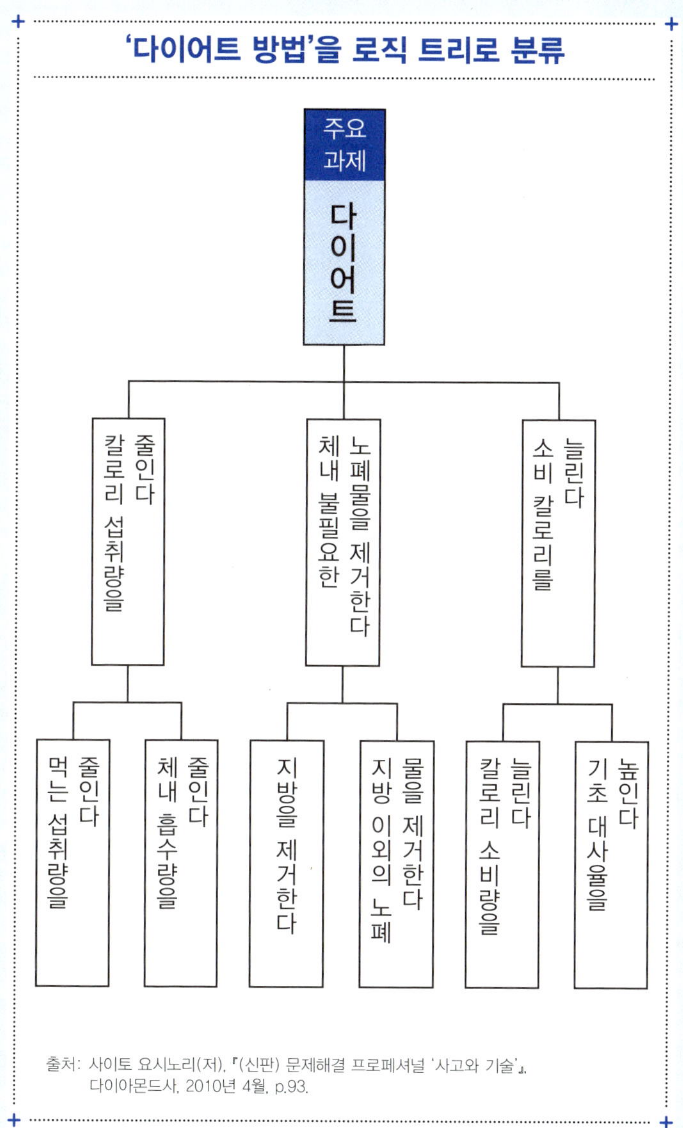

출처: 사이토 요시노리(저), 『(신판) 문제해결 프로페셔널 '사고와 기술'』, 다이아몬드사, 2010년 4월, p.93.

18 로직 트리를 배워야 하는 네 가지 이유

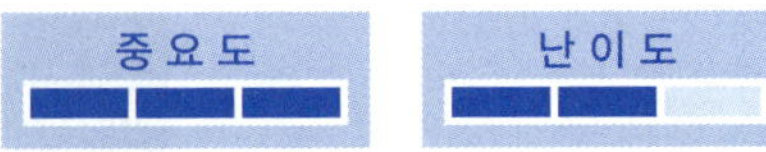

이러한 로직 트리의 스킬을 익히고 싶을 사람이 많을 것이라 생각합니다만, 그럼 왜 이러한 스킬을 배워 두어야만 할까요? 컨설턴트 출신자들의 의견을 종합해 보면 아래의 네 가지가 공통점으로 거론되었습니다.

① 평생 활용이 가능하다.

로직 트리나 문제해결방법은 시대 변화에 관계 없이 가장 기초적인 스킬입니다. 그리고 한번 배워 두면 평생 활용할 수 있으며, 다양한 분야에 응용도 가능합니다.

제가 신입으로 입사한 지 벌써 20년이 흘렀지만, 그때 쓰여진 책들은 지금도 유용하게 활용되고 있습니다. 전설적인 컨설턴트인 오오마에 켄이치(大前研一)씨나 호리 코이치(堀紘一)씨가 신입이었던, 혹은 그 시절보다 15~20년 거슬러 올라간 시절에도 컨설팅은 지금과 큰 차이가 없는 조사방법을 사용하고 있었습니다. 즉, 30~35년간 기본적인 조사방법론은 전혀 변하지 않았던 것입니다. 지금도 문제해결방법이라고 하면 '로직 트리'가 가장 먼저 연상되며, 이는 앞으로도 크게 변하지 않을 것 같습니다.

② 전체를 내려다볼 수 있게 된다.

로직 트리를 그릴 수 있게 되면 문제의 전체상이 보이게 됩니다.

많은 사람들은 스토리를 좀처럼 구조화하지 못하고, 생각의 흐름대로 두서없이 제각각 논의하기 마련이지만, 로직 트리를 그릴 수 있게 되면 각각의 이야기가 전체 속에서 어떤 위치에 있는지 그 흐름을 머릿속에서 가시화할 수 있게 됩니다.

그 결과 무엇이 중요한 포인트이고 무엇이 사소한 이야기인지 구별할 수 있게 됩니다. 전체상을 통해 정말 중요한 이야기는 무엇이었는지, 판단할 수 있는 재료를 가지게 되는 것입니다.

로직 트리의 각각의 분기점(가지)은 똑같은 중요도를 가지지 않습니다. 어떤 분기는 60% 정도의 중요도를 둘 수도 있고, 다른 분기는 10%나 5%가 되기도 합니다. 그러나 조금씩 로직 트리에 익숙해지면 60% 정도의 비율을 가진 가장 중요한 키워드 및 내용은 무엇인지 판별할 수 있게 됩니다.

이 중요도를 판단할 수 있게 되면 다음의 두 가지도 가능해집니다.

③ 버리는 능력이 몸에 배게 된다.

문제의 중요도를 판단할 수 있게 되면 필요 없는 키워드나 항목을 과감히 버리고, 자신 있게 중요 부분에만 집중해서 시간을 투입할 수 있습니다. 중요한 부분만 다루고 나머지는 과감히 버리는 것입니다. 버릴 수 있게 되면 매우 효율적이며 빠른 속도로 업무를 진행할 수 있습니다. 많은 사람들이 버리지 못하는 것은 버릴 용기가 없는 것이 아니라, 무엇을 버려야 하는지의 중요도를 모르고 있기 때문입니다. 모두 중요한 것 같이 보여서 버릴 판단이 서지 않기 때문에 버릴 수 없는 것입니다.

이처럼 버리기 위해서는 로직 트리를 활용하여 전체적인 밑그림을 그릴 수 있어야 하고, 줄기 부분과 잎사귀 부분(항목)도 구별할 수 있어야 합니다.

④ 의사결정의 속도가 빨라진다.

중요도를 판단할 수 있고 과감히 버릴 수 있다면 결과적으로 의사결정 속도가 비약적으로 빨라집니다. 하나의 사안을 며칠 동안 검토하지 않고, 순식간에 사물과 상황을 판단할 수 있게 되기 때문입니다. 그리고 그 판단도 정확하기 때문에 전체 업무의 품질도 향상됩니다.

- ☑ 로직 트리는 한번 배워 두면 평생 사용할 수 있다.
- ☑ 중요도를 판단할 수 있기 때문에 의사결정 속도가 빨라진다.

로직 트리를 배워야 할 4가지 이유

❶ 평생 활용할 수 있다

로직 트리와 문제해결 기법은 시대 변화와 관련 없는 스킬이기 때문에 한번 배워 두면 평생 활용할 수 있다. 반복 사용으로 응용도 수월해진다.

❷ 전체상을 내려다 볼 수 있게 된다

로직 트리를 구성할수 있게 되면 각각의 요소와 내용들이 전체 이미지에서 어느 부분에 위치하는지 머릿속으로 가시화할 수 있다.

❸ 버릴 수 있는 능력이 몸에 배인다

중요도를 판단할 수 있게 되기 때문에 필요 없는 부분은 과감히 버리고, 중요하다고 생각되는 부분에만 초점을 맞춰서 고민할 수 있다.

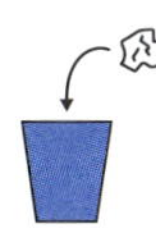

❹ 의사결정 스피드가 향상된다

과감히 버릴 수 있는 능력이 몸에 배게 됨으로써 결과적으로 의사결정 스피드가 빨라지고, 단번에 사안에 대한 판단이 가능해진다. 이를 통해 전체 업무의 품질도 향상된다.

19 로직 트리를 마스터하기

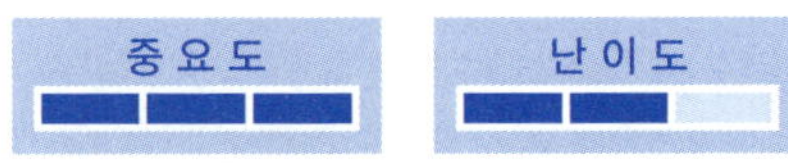

실제로 로직 트리를 익히기 위해서는 어떤 방법이 있을까요? 지금은 사업개발 컨설턴트로, 그리고 소프라노 가수로도 활약하고 있는 아키야마 유카리 씨가 신입사원 시절에 행했던 독특한 방법을 소개하도록 하겠습니다.

그 방법이란 것은 매일 아침 출근 전철 안에서 '눈에 들어오는 모든 것들을 사용'하여 로직 트리를 만드는 것이었습니다.

예를 들어, 주위 사람들이 읽고 있는 스포츠 신문의 헤드라인에서 프로야구팀인 '야쿠르트가 선두로 올라서다'라는 제목이 눈에 들어왔다고 칩시다. 그러면 '야쿠르트가 강해진 이유는 무엇인가?'라는 물음을 던지고, 로직 트리를 사용해서 가설을 만드는 훈련을 하는 겁니다.

전철 안 벽에 붙은 광고의 헤드라인도 동일하게 활용할 수 있습니다. 물론 헤드라인에는 자세한 내용이 적혀 있지 않습니다. 그래서 '1년에 100만엔 모으기'라는 제목이 눈에 띄면, 바로 '어떻게 하면 가장 빨리 연간 100만엔을 모을 수 있을까?'라는 과제를 만들어 낼 수 있습니다.

이것들을 출근 전철을 타는 12분 만에 생각해 내는 것입니다. 매일 전철에 오르면 처음 본 소재로 과제를 생각해 손에는 작은 메모장을 들고 그려 나가는 것입니다. 아키야마 씨는 2년 동안 매일 이 작업을 반복했다고 합니다. 물론 처음에는 만족스러운 로직 트리가 만들어지지 않았겠죠. 그러나 반년 후에는 어느 정도 형태를 갖추게 되고, 그 이후에는 물음을 제기하는 순간 그 자리에서 로직 트리의 방향성이 보이기 시작했다고 합니다.

좋은 로직 트리를 만들기 위해서는 피드백이 필요하다

각 항목들을 빠뜨림 없이 중복되지 않게 분류하거나, 의미 있는 로직 트리를 만들기 위해서는 적절한 지도자가 필요합니다. 동우회나 스터디 등에서 젊은 사회인끼리 로직 트리를 연습하는 모습을 자주 보지만 그다지 좋은 성과를 얻고 있는 것 같지는 않아 보입니다.

이런 종류의 문제점은 정작 로직 트리를 만들고 있는 장본인은 스스로 어떤 부분이 누락되고 중복되었는지 그 실수를 눈치채지 못한다는 점입니다. 결국 로직 트리의 문제점이나 논리의 실수는 로직 트리 구축에 익숙한 사람이 지적해 주지 않으면 잘 모릅니다. 여러분께서 '로직 트리 작성시의 문제점'이라는 타이틀로 로직 트리를 작성해 보면 '혼자서 훈련하는 데 한계가 있다'는 항목이 가장 중요한 키워드(논점)로 도출된다는 것을 알게 될 것입니다. 이것은 큰 모순입니다.

이런 점에서 컨설팅 회사에서는 업무 중 로직이 틀리게 되면 누군가가 이를 바로 수정해 주거나 조언을 해줍니다. 매일 로직 트리를 그리고, 수정하는 날들이 반복되고, 이를 통해 신입 컨설턴트도 이러한 스킬들을 몸에 익힐 수 있었습니다.

전철 안에서 트레이닝을 행한 아키야마 씨도 결코 혼자가 아니라 선배 컨설턴트로부터 조언과 피드백을 받았다고 합니다.

하지만 이것도 옛날 얘기입니다. 시대는 빠르게 변하고 있습니다. 굳이 컨설팅 회사에 들어가지 않아도 이러한 트레이닝을 제공하는 전문 교육기관은 얼마든지 있을 것입니다.

'로지컬 씽킹'이나 '로직 트리'는 누구나 익힐 수 있는 스킬입니다. 적절한 지도와 반복적인 훈련을 통해 포기하지 말고 꾸준히 익혀 나가길 바랍니다.

☑ 각 항목들을 빠짐 없이 중복되지 않게 분류해야 하며, 의미 있는 로직 트리를 만들기 위해서는 적절한 지도자가 필요하다.

로직 트리를 능숙하게 만들기 위한 트레이닝

가능한 한 많은 테마를
활용하여 트레이닝
(출근 시간을 유효하게 활용)

선배로부터의 꾸준한
지도와 피드백

가설이 떠오르면
메모장에 기입

전문 교육기관을 통한
지도와 트레이닝

20 제안의 기본 - 구름, 비, 우산

중요도  난이도 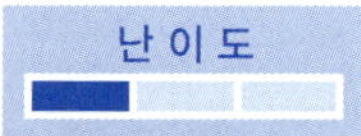

컨설턴트 1년차에 배운 것 중 가장 이해하기 쉬웠고 머리에 쏙 들어온 것 중 하나가 '구름, 비, 우산'이라는 이론이었습니다.

"먹구름이 끼여서 금방이라도 비가 올 것 같으니 우산을 챙겨가는 게 좋겠다."

이것은 사실과 해석, 그리고 실행을 구별짓기 위한 비유입니다. 도대체 무슨 뜻일까요?

구름이라는 것은 '사실'을 가리킵니다. 실제로 눈으로 보고 관측한 것, 즉 먹구름이 일고 있다는 것은 누가 봐도 알 수 있는 객관적인 사실입니다.

그리고 비가 올 것 같다는 것은 그 사실을 기반하여 추측되는 '해석'입니다. 구름이 검다는 사실에서 금방이라도 비가 올 것이라는 해석을 이끌어내고 있는 것입니다.

마지막은 우산입니다. 비가 올 것 같다는 해석에서 우산을 가져가야 한다는 실행을 일으키고 있습니다.

다시 정리하면 다음과 같습니다.

- 구름, 비, 우산의 예

  (사실) 하늘을 보니 먹구름이 끼여 있다.

  (해석) 흐려서 곧 비가 올 것 같다.

  (실행) 비가 올 것 같으니 우산을 가져가야 한다.

사실, 해석, 실행의 세 가지로 구분하여 각각의 헤드라인을 작성한다

사실과 해석, 그리고 실행을 잘 구별하여 이것들이 무엇을 의미하는지, 그러니까 왜 그러한지에 대한 답을 명확히 해야 합니다.

이것은 이른바 '로지컬 씽킹(logical thinking)'의 기본입니다. 그리고 이것은 컨설팅 회사에서만 요구되는 스킬이 아닙니다. 사회인이라면 어떤 업종에 종사하더라도 반드시 배워두어야 할 기본적인 기초 기술입니다.

그럼, 어떻게 하면 이러한 스킬을 빠르게 익힐 수 있을까요?

가장 간단한 방법은 헤드라인을 붙이는 것입니다. 어떤 글을 쓸 때 '사실'과 '해석' 그리고 '실행', 이런 식으로 제목을 붙임으로써 스토리를 머릿속에서 말끔하게 구조화합니다.

이렇게 구조화된 내용을 업무 상대에게 그대로 보여줘도 무방합니다. 상대방도 사실, 해석, 실행을 구별할 수 있기 때문에 쉽게 이해할 수 있기 때문입니다. 또한 이 헤드라인 리스트는 체크리스트로도 기능합니다.

이러한 세 가지가 제대로 갖추어져 있지 않은 제안서는 설득력을 잃습니다. 상대방으로부터 그 즉시 "그러니까 뭐야?", "어떻게 그런 전개가 되지?"라는 말을 듣게 될 것입니다.

모든 문서와 제안서는 3개의 헤드라인에 비추어 보아 적절한 내용으로 채워져 있는지, 그리고 논리성이 확보되는지를 체크한 후 제출해야 합니다.

☑ 제안할 때는 '사실(구름)', '해석(비)', '실행(우산)'이 명확한지 체크한다.

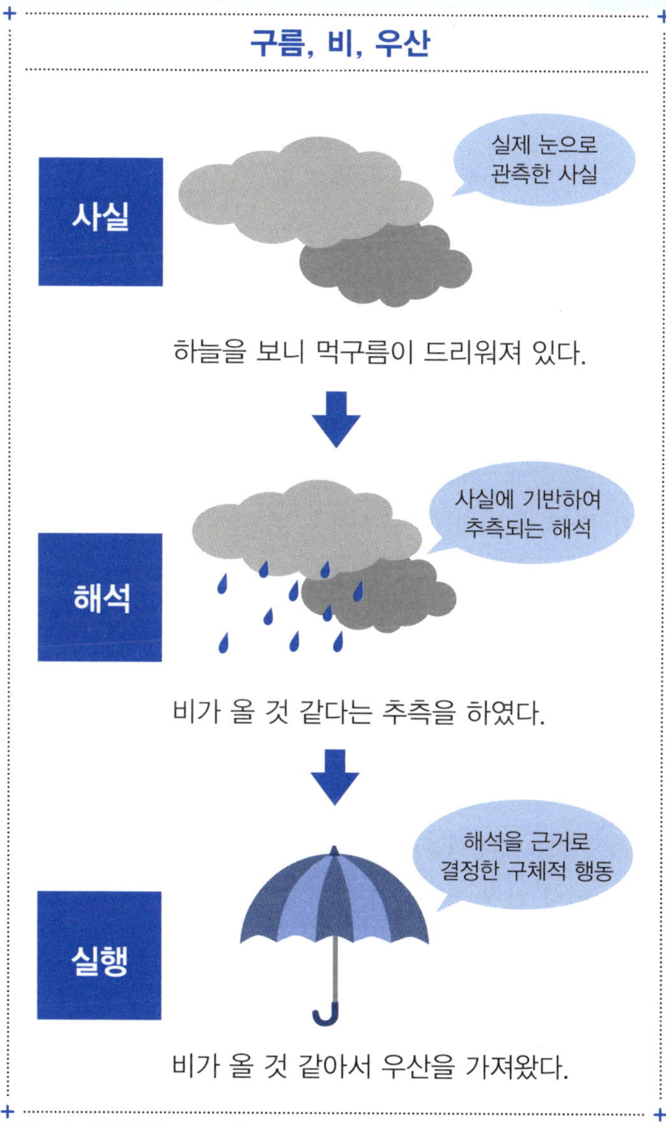
구름, 비, 우산
사실
실제 눈으로
관측한 사실
하늘을 보니 먹구름이 드리워져 있다.
해석
사실에 기반하여
추측되는 해석
비가 올 것 같다는 추측을 하였다.
실행
해석을 근거로
결정한 구체적 행동
비가 올 것 같아서 우산을 가져왔다.

21 사실과 의견을 정확하게 구분하기

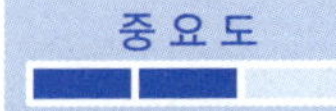

제안할 때 ①사실(구름), ②해석(비), ③실행(우산)의 세 가지를 혼동하거나 일부를 생략하고 결론을 내려버리면 논리에 어긋나게 됩니다. 이에 따른 실패사례를 소개합니다.

실패사례 ① '구름'만 제시하는 경우

입사 1년차에 가장 많이 하게 되는 실패사례로는 상사가 어떤 안건에 대하여 조사를 지시했을 때 데이터, 그래프, 사례 기사만 정리하여 상사에게 보고해버리는 것입니다. 칭찬은 고사하고 이렇게 해서는 절대로 좋은 평가를 받지 못합니다.

좋은 평가를 받지 못하는 이유는 '자기만의 해석 부분이 누락'되어 있었기 때문입니다. 구름, 비, 우산의 예로 말하자면 구름(데이터나 관찰 사항)만을 단순히 제시했을 뿐이라는 것이죠. 데이터나 관련 기사만이 아니라, 그것들을 근거로 무엇을 말할 수 있는지 서로 연결시키지 못한다면 의미 있는 보고서가 될 수 없습니다.

예를 들어 혈액검사 결과표를 보면, 그곳에는 ALT, γ-GT 등의 낯선 의학용어들이 쓰여 있을 것입니다. 듣지도 보지도 못했던 항목들과 숫자들을 보면서 담당의사는 당신에게 다음과 같이 말합니다.

“네, 이것이 당신의 혈액검사 결과입니다. 이것을 참고로 생각해 보세요.”

사실만을 위주로 보고서를 제출하는 신입사원은 위와 같은 의사와 같습니다. 병에 걸린 것인지, 아니면 건강하다는 말인지, 무엇을 주의해야 하는지, 건강상의 문제가 있다면 중대한 것인지, 그것도 아니면 아주 사소한 것인지를 말해 주어야 합니다.

업무를 맡긴 사람(혹은 클라이언트)이 알고 싶은 것은 “그래서 어떻다는 것인가?”라는 전문가의 해석 부분입니다. 필요에 따라 약을 처방하는 등의 구체적인 실행을 원하는 것입니다. 아무런 부연 설명도 없이 단지 검사 결과만 넘겨주면 환자는 당황할 뿐입니다.

비즈니스도 마찬가지입니다. 해석이 없는 그래프를 아무리 잘 만들어도, 관계가 있을 것 같은 자료를 아무리 모아도, 구체적인 해석 부분이 누락되어 있다면 문제해결에는 아무런 도움도 줄 수 없습니다.

실패사례 ② 근거를 제시하지 않은 경우

그 다음으로 하기 쉬운 실수는 실행만 제시하는 것입니다. 구름, 비, 우산을 예로 들면 “우산을 가지고 가는 편이 좋겠다"는 부분이 실행에 해당됩니다.

단순히 실행만 제시하게 되면 "왜 그런 결론이 도출되는가?"라는 질문에 답할 수 없게 됩니다.

뭔가를 제안할 때 실행만 제시해서는 안 됩니다. 반드시 근거가 되는 사실과 해석도 함께 세트로 전달되어야 합니다.

- "먹구름이 있어서 비가 올 것 같습니다." (사실과 해석)
- "그래서 우산을 가지고 가는 편이 좋겠습니다." (실행)

이러한 실행에는 '선택지'가 존재합니다. 비가 올 것 같기 때문에 우산 대신에 우비를 가지고 간다는 실행을 선택할 수도 있습니다. 혹은 약속을 취소하고 외출을 하지 않는다는 실행 또한 가능합니다.

실패사례 ③ 사실과 의견 혹은 해석을 혼동하는 경우

무엇이 사실 부분이고, 어디가 해석이며 실행인지 혼동한 채 보고해버리는 경우입니다.

예를 들어, 신문기사에서 사례를 발견한 뒤 그것을 근거로 보고를 했다고 칩시다. 그러면 상사는 "이것은 당신의 의견인가, 아니면 신문사의 의견인가?"라는 추궁을 들을지 모릅니다. 그렇기 때문에 각별히 사실과 의견을 잘 구별해서 제시하여야 합니다.

또 다른 예를 들겠습니다. "고객들은 보다 저렴한 가격을 원하고 있다고 생각합니다"라는 사견이 있다고 칩시다. 그럴 경우, 이것이 고객들의 객관적 소비 데이터를 근거로 한 것인지, 아니면 단순히 당신의 추측 혹은 억측인지, 그것도 아니면 최근의 일반적인 트렌드에 대해 말하고자 하는 것인지 전혀 알지 못합니다. 이래서는 보다 엄밀한 논의가 더 이상 이루어질 수 없습니다.

☑ 사실(구름)만으로는 보고라고 할 수 없다.
☑ 사실과 의견을 제대로 구분하여 제시한다.

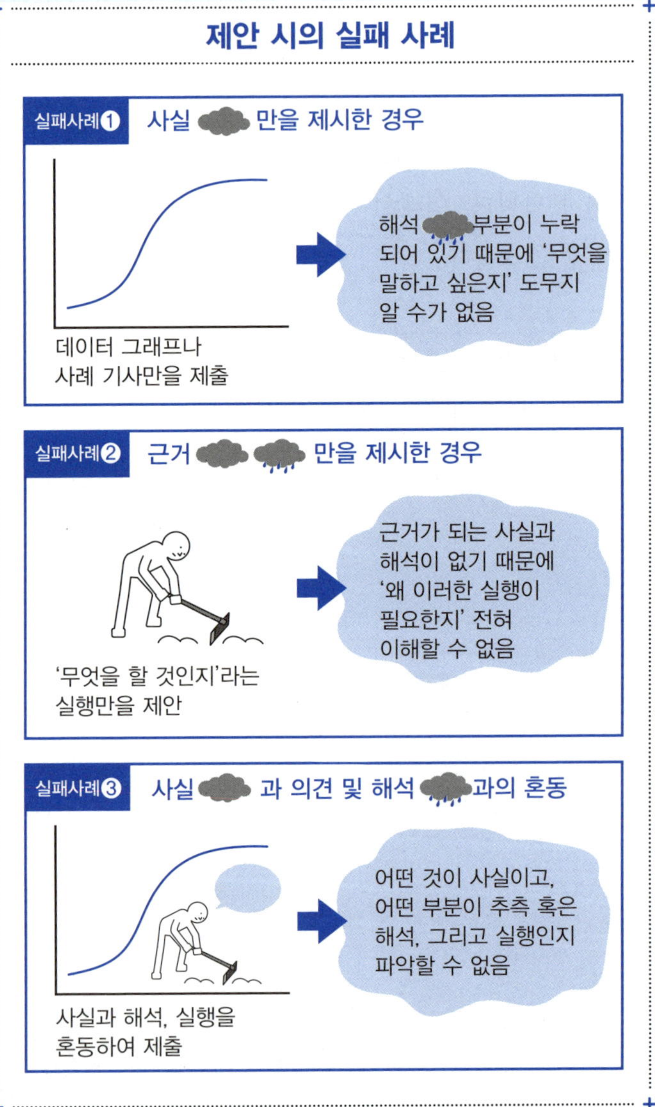
제안 시의 실패 사례
실패사례① 사실 만을 제시한 경우
데이터 그래프나 사례 기사만을 제출
해석 부분이 누락되어 있기 때문에 '무엇을 말하고 싶은지' 도무지 알 수가 없음
실패사례② 근거 만을 제시한 경우
'무엇을 할 것인지'라는 실행만을 제안
근거가 되는 사실과 해석이 없기 때문에 '왜 이러한 실행이 필요한지' 전혀 이해할 수 없음
실패사례③ 사실 과 의견 및 해석 과의 혼동
사실과 해석, 실행을 혼동하여 제출
어떤 것이 사실이고, 어떤 부분이 추측 혹은 해석, 그리고 실행인지 파악할 수 없음

22 가설적 사고

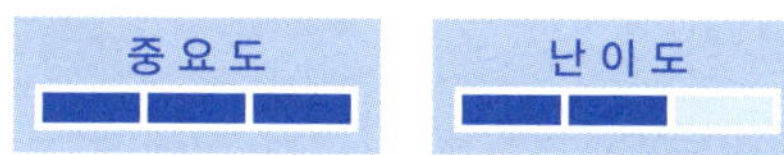

‘제일 먼저 가설 설정’이라는 말이 있는데, 이는 컨설턴트들의 사고 방법 중에서도 중요한 특징 중 하나일 것입니다. 비록 1년차라 할지라도 ‘가설적 사고’로 사물이나 대상을 판단하고 분석하는 것이 철저히 요구됩니다.

“당신의 가설은 무엇입니까? 가설은 만들었나요? 그리고 증명은 되었습니까?”

컨설팅 회사내에서는 언제나 가설, 가설이라는 말이 난무합니다.

일반적으로 어떤 결론에 도달하기 위해서는 광범위한 조사를 하여야 합니다. 먼저 조사를 하고, 많은 데이터도 모으며, 관련 데이터가 전부 갖춰지게 되면 세부적으로 내용을 검토해서 결론을 내는 방식입니다. 실제로 이런 방법으로 조사나 분석을 진행하는 경우가 태반이지만, 그렇지 않은 경우도 많습니다.

왜냐하면 이런 일반적 방법은 범위가 광범위함으로 인해 의견이 분분해질 수도 있고, 그에 따른 불필요한 조사에 시간을 낭비하거나, 혹은 수집한 데이터가 너무나 방대해질 수 있는 가능성도 높기 때문입니다. 이에 시간만 소요되고 결론이 나지 않는 경우가 대부분입니다. 즉, 너무 비생산적이라는 겁니다.

이러한 상황을 피하기 위해 반드시 해야 하는 것이 '제일 먼저 가설 설정'입니다.

이러한 방식은 현재 예상할 수 있는 범위 내에서 스토리라인을 빠르게 그려낼 수 있다는 장점이 있습니다.

이는 흡사 '사건 수사 방식'과 유사합니다. 유능한 수사관들은 사건 현장을 보자마자 누가 어떻게 범행을 저질렀는지 어느 정도 짐작이 가능하다고 합니다. 그러한 판단을 '가설'이라고 부릅니다.

물론 틀려도 전혀 개의치 마십시오. "혹시, 이렇지 않을까?"라고 과감하게 가설을 세우고, 그 가설에 따른 스토리를 생각해 나가야 합니다.

작성된 스토리에 따라 조사해야 할 포인트를 좁혀 나간다

살인사건이 일어났다고 칩시다.

"범인의 인상은? 그리고 살인 동기는? 누가 범인일까? 범행 시간은? 시신은 어디에 숨겼을까? 흉기는 무엇일까?"

추리소설을 읽어본 사람이라면 소설을 읽으면서 한번쯤은

스스로 추리해 봤을 겁니다. 그러한 추리야말로 '가설'입니다.

사건 수사는 대충 조사해서 끝내는 것이 아닙니다. 추리에 근거해 미심쩍어 보이는 부분부터 차례로 탐문 조사나 증거 수집을 해 나가야 합니다.

예를 들어, "만약 시신을 산에 버렸다면 운반할 차를 빌렸을 것이다. 차를 빌렸다면 렌터카 회사에 그 이력이 남아 있지 않을까?"라고 추측하는 식입니다. 만약 자신의 추리가 "사실이라면 어떤 증거가 나올까?"라는 관점에서 역산하여 수사를 진행합니다. 이를 비즈니스 용어로 대체한 것이 '가설적 사고'입니다.

구체적으로 예를 들어보면, "저 리조트 호텔이 숙박비가 비쌈에도 불구하고 호황을 누리는 것은 젊은 부부로 그 타깃을 좁혔기 때문이 아닐까? 1박에 3만엔 이상의 호텔에 숙박하는 사람은 부유층뿐이라 생각했지만, 실은 젊은 계층에게도 강한 수요가 있었던 것은 아닐까?"라는 가설을 세우고, 거기서부터 구체적으로 고객층을 분석해 나가면 됩니다.

☑ 미리 가설을 세우고, 조사해야 할 포인트를 좁혀 나가면 효율적인 리서치가 가능해진다.

스토리에 따라 조사할 포인트를 좁혀 나간다
살인 사건이다
시체가 보이지 않네?
가설
틀려도 괜찮으니 과감하게 가설을 세우자
차로 산에 싣고 갔을까?
한번 알아봐야겠다
Car
Car Rental
렌터카 회사

23 검증 작업에 해당되는 리서치

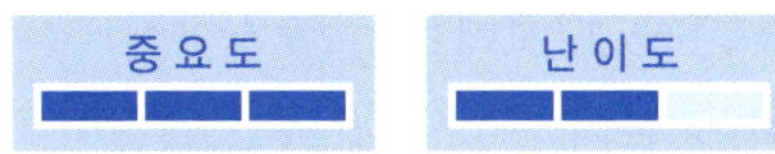

1년차 컨설턴트가 담당하는 일의 대부분은 조사 업무입니다. 하지만 조사 범위가 광범위하게 되면 시간은 턱없이 부족해집니다. 일반적으로 안건당 하루나 이틀, 기껏해야 며칠 단위의 시간밖에 주어지지 않기 때문에 가설을 설정하지 않는다면 그 기간 안에 일을 마칠 수 없게 됩니다.

예를 들어 '호텔의 고가격 정책 달성'이라는 주제의 리서치가 있다면 "호텔이 고단가로 객실을 팔 수 있었던 것은 하룻밤에 1인당 3만엔 이상을 지불할 수 있는 젊은층의 수요를 끌어들였기 때문이라 생각되지만, 실상은 젊은층의 소득은 전혀 증가하지 않았고, 단지 기념일을 축하하기 위한 지출분이 증가한 뿐. 즉, 그러한 고객층을 타깃으로 공략한 것이다"고 가설을 세운 후 조사에 착수합니다.

그리고 가설이 맞는지 아닌지를 결론짓고, 그 결과를 매니저에게 가져갑니다.

"확실히 1박에 1인당 3만엔을 지불하는 젊은 고객층이 눈에 띄게 늘고 있었습니다. 다만 지역별로 차이가 많이 나는 것 같습니다."

혹은,

"1박에 1인당 3만엔을 내는 젊은층은 늘고 있지만, 이는 60대와 40대에서도 동일하게 늘고 있어 전체적인 현상으로 봐야 합니다. 즉, 젊은 고객층이라는 구분법은 틀렸고, 연령대와 관계없이 왜 이러한 고급 지향 고객층이 늘었는지 그 원인을 검토해야 합니다."

등으로 가설을 부정하는 경우도 있습니다.

만약 전자라면 가설을 좀 더 깊이 심층분석하는 방향으로 진행될 것이고, 후자라면 잘못된 가설을 수정해 나갈 필요가 있습니다.

리서치는 가설에 대한 검증을 제시하는 것입니다. 이 부분을 반드시 기억해 주십시오. 목적도 가설도 없이 단순히 리서치만 하는 것은 아무런 의미가 없습니다.

'가설 → 검증 → 피드백' 사이클을 고속으로 돌려라

저의 컨설턴트 1년차는 이렇게 매니저가 설정한 가설에 따라서 그것을 검증하기 위한 리서치를 실시하는 것이 주된 업무였습니다.

만약 가설이 맞다면 정확한 데이터를 인용하며 "젊은층이 고가격대 숙박을 이용하고 있다는 현상이 실제로 검증되었습니다"고 보고한 뒤 클라이언트에게 보여줄 그래프를 만들면 됩니다.

만약 그게 아니었다면 나름대로 데이터를 통해 알 수 있는 새로운 가설을 고안한 뒤, "실제로 검증해 보니 전혀 다른 결과가 나왔습니다. 데이터로 볼 때 진실은 이렇지 않을까 생각합니다"고 새로운 가설을 제시하면 됩니다.

이렇게 '가설 → 검증 → 피드백'이라는 사이클을 고속으로 돌리게 되면 문제의 본질에 보다 효율적으로 접근할 수 있습니다.

덧붙이자면, 가설은 어디까지나 가설이기 때문에 리서치 결과가 가설에 반하면 순순히 그 부분을 수정하면 됩니다. 여기서 주의할 것은 당초에 제시한 가설에 맞도록 증거를 조작해서는 안 된다는 점입니다. 범죄 수사라면 이른바 '조작 사건'이 되어버립니다. 당초 예상했던 대로 혹은 전혀 의도하지 않은 데이터가 나오게 되면 솔직하게 이를 인정하고, 그것을 힌트로 삼아 새로운 가설을 만들면 됩니다.

☑ 리서치는 가설에 대한 검증을 제시하는 것이다.

☑ 검증을 통해 가설을 부정하는 데이터가 나오면 순순히 수정하고 새로운 가설을 만든다.

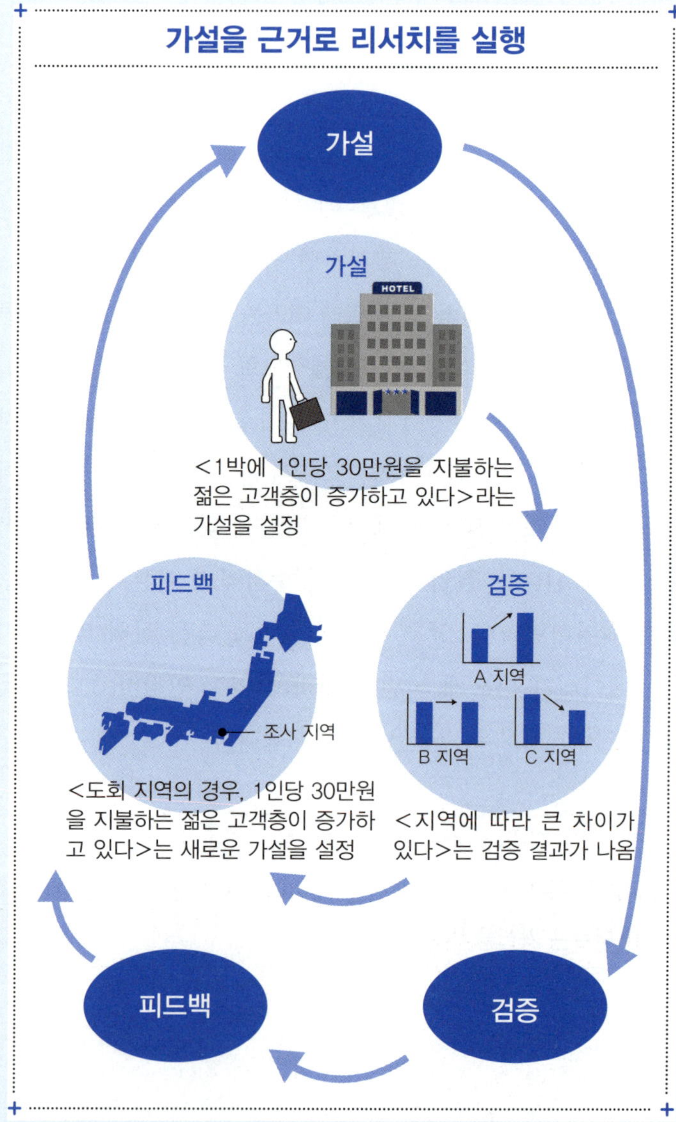
가설을 근거로 리서치를 실행
가설
가설
HOTEL
<1박에 1인당 30만원을 지불하는 젊은 고객층이 증가하고 있다>라는 가설을 설정
피드백
조사 지역
<도회 지역의 경우, 1인당 30만원을 지불하는 젊은 고객층이 증가하고 있다>는 새로운 가설을 설정
검증
A 지역
B 지역
C 지역
<지역에 따라 큰 차이가 있다>는 검증 결과가 나옴
피드백
검증

24 가설적 사고로 신속하게 의사결정하기

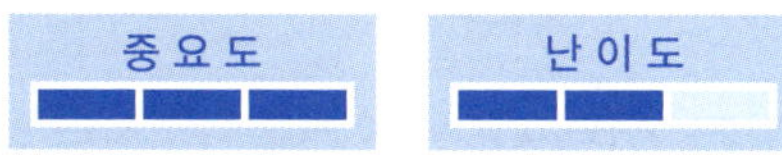

가설적 사고를 익히게 되면 의사결정 속도가 상대적으로 빨라집니다.

왜냐하면 대부분의 사람들은 문제가 제기된 후에 검토를 시작하지만, 가설을 가진 사람들은 그 시점에서 이미 검토가 끝났고 결론을 준비하고 있기 때문입니다.

예를 들어, 가설적 사고로 여행 계획을 세울 때 의사결정 속도를 높이려면 어떻게 해야 할까요?

유감스럽게도 지금의 일본 사회에서는 휴가를 언제 낼 수 있을지 예측하기 어렵습니다. 언제 휴가를 낼 수 있을지 모르기 때문에 직전까지 여행 계획을 세우지 못할 수도 있습니다. 그 결과 직전에 휴가를 받을 수 있다는 것을 알고 나서야 서둘러 여행 계획을 세우기 시작합니다.

결국, 충분한 검토가 이루어지지 못한 상태에서 여행 전날 성급히 여행지를 결정했기 때문에 여행은 결국 엉망진창이 되어버립니다. 이런 경우에 만약 가설적 사고를 활용했다면 즉, 사전에 미리 결론을 준비하고 있었다면 보다 신속한 의사결정이 이루어졌을 것입니다. 그러면 이러한 상황을 구체적으로 살펴보도록 합시다.

미리 선택지와 조건을 리스트화 하기

저는 여행을 매우 좋아했기 때문에 컨설턴트 때도 1년에 2회 이상은 해외여행을 다녔으며, 여름철에는 몇 날 며칠 동안 산행을 즐기기도 했습니다. 많을 때는 1년에 7회 이상 해외여행을 다녀온 적도 있을 정도입니다. 3일간의 연휴 기간에는 유급휴가를 조금 쓰는 정도여서 여행 준비에 시간적 여유가 있었던 것은 아닙니다.

여하튼 어떻게 이게 가능했는가 하면요, 바로 사전에 여행 계획에 따른 가설을 세워두고 있었기 때문입니다.

"3일 연휴 기간에는 ○○와 ××에 가고, 여기에 하루 유급휴가가 더 가능하다면 △△와 □□에 가야지. 그리고 1주일 이상 휴가를 쓸 수 있다면 ◇◇에 갈꺼야."

이처럼 가고 싶은 곳을 10개 정도 후보로 리스트업한 후 실제 항공편도 조사해 두는 것입니다. 그리고 며칠 정도면 어디까지 갈 수 있는지 검토하고 개략적인 예산도 파악해둡니다.

어디까지나 가설이므로 여행 계획에 대한 자세한 내용은 필요 없습니다. 단순히 "며칠 휴가를 낼 수 있다면 어디로 갈 수 있을 것 같고, 비용은 얼마가 들 것인가?"라는 간략한 문답 형태로 작성되어 있다면 그걸로 충분합니다. 그리고 이 내용을 엑셀로 정리해 놓습니다.

실제로 휴가를 낼 수 있게 되면 나머지는 간단하죠. 이 리스트 안에서 조건에 맞는 것을 선택하고 실행하기만 하면 됩니다. 리스트에는 가고 싶은 장소만 기입해 두었기 때문에 어디로 갈까 하는 의사 결정은 불필요합니다.

어느 날은 갑작스레 3일 연휴에 더해 하루의 휴식을 더 얻을 수 있게 되었습니다. 이때 저는 4일 만에 갈 수 있는 여행리스트를 체크하고 그중에서 중국을 선택했습니다.

일본에서 3시간 정도면 갈 수 있는 선양시를 방문하고, 거기서 버스로 북한과의 국경 지역인 단둥에 가서 압록강을 크루즈하는 계획이었습니다. 이러한 플랜이 4일 만에 가능하다는 것은 이미 알고 있었기 때문에 행선지를 결정하는 의사결정에 걸린 시간은 단 2~3분이었습니다.

☑ 가설을 가지고 있다는 것은 현 시점에서의 결론을 미리 준비해 두는 것이다.

가설에 따라 대응

가설적 사고의 의사결정

휴가 기간별 여행
리스트 후보

ㅇㅇ지역
↓
△△지역

가설을 설정하고, 미리
결론을 준비해둔다

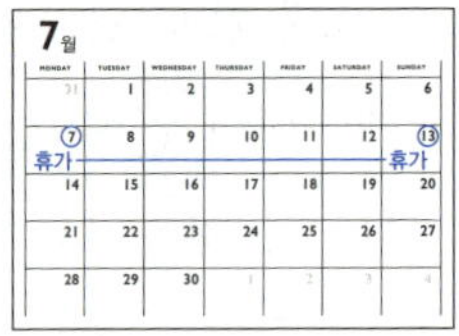

그 상황이 현실로 나타난다

신속한 판단이 가능해지고
만족스러운 결과를 얻을 수 있다

막무가내식 대응

그 상황이 현실로 나타난다

변화된 상황에 대처하지 못한다

대응이 늦어져 만족스러운
결과를 얻을 수 없다

25 항상 자신의 의견을 가지고 정보 다루기

중요도 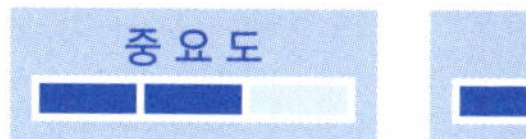 난이도 

젊은 세대일수록 단순히 정보를 모은다는 것에 만족하는 사람이 많은 것 같습니다.

매일 경제신문을 정독하고, 연간 100권 이상의 책을 읽고, 매일 뉴스 사이트의 최신 정보를 수집하고, 오피니언 리더들의 SNS를 상시적으로 체크하는 것만으로 만족해버리는 경향이 큰 것 같습니다. 개중에는 그런 정보에 능통한 유명인의 이야기를 듣고 대단하다고 감탄하며 자신도 따라하지 않으면 안 된다고 초조해 하는 사람도 있는 것 같습니다.

하지만 안심하십시오. **정보량을 늘린다고 해서 비즈니스 능력이 향상되지는 않습니다.** 저도 대학생 때까지는 일본경제신문과 일본경제비즈니스를 구독했습니다만, 입사 후 구독을 끊었습니다. 보통은 사회인이 되고 나서 신문을 읽기 시작하는 경우가 대부분인데, 저는 정작 사회인이 된 후 신문 읽기를 그만둔 것입니다.

컨설턴트 1년차 때 한동안 업무에 치여 지내다가 봄이 지나 5월의 골든위크[3]에 접어들 무렵 마음의 여유가 생겼을 때

3 4월 말부터 5월 초순까지 공휴일이 몰려 있어 약 1주일 정도의 연휴를 즐

의 일입니다. 아파트 우편함에 넘쳐나는 신문과 잡지 뭉치를 확인하고, 이것들을 그대로 휴지통으로 직행시키는 스스로를 본 후 이것들의 필요성을 실감하지 못하게 된 것입니다. 실제로 그러한 정보를 얻지 못했음에도 불구하고 제 자신의 비즈니스 능력은 현격히 향상되어 있었습니다.

바로 답을 구하지 말고 1분만 스스로 생각할 시간을 가진다

비즈니스 능력을 향상시키는 것은 정보량이 아니라 생각하는 습관을 가지는 것입니다. '얼마나 생각했느냐'가 비즈니스 능력을 향상시키는 것이지, 정보량 자체가 능력을 향상시키지는 않습니다. 정보량을 늘려도 그 정보는 자신의 생각이 투영되어 있지 않기 때문에 대부분 머리에 남지 않습니다. 그리고 기껏해야 손에 넣은 다른 사람의 의견을 그대로 받아들이는 것이라면 더더욱 의미가 없습니다.

생각한다는 것은 단적으로 자신의 의견을 갖는다는 것입니다. 이것도 컨설팅 1년차 때 배운 것입니다. 책이나 TV, 신문, 인터넷, 그 방법이 뭐든지 괜찮습니다만, 정보를 접할 때

길 수 있으며, 이 기간을 골든위크(GW)라 부른다.

는 반드시 자신의 의견을 가지고 접해야 합니다. 그리고 계속 생각하기를 반복해야 합니다.

예를 들면, 아사히 신문 웹사이트에 '코다마 신칸센 산요[4] 노선의 승객 5년 만에 70% 증가'라는 제목이 있었습니다. 이러한 기사를 보면 누구든 승객이 5년 만에 70% 늘어난 이유를 알고 싶어 바로 클릭해버립니다. 그리고 그 이유를 알고 난 뒤, 바로 수긍하고 그대로 받아들입니다. 하지만 이런 방법으로는 절대 지식을 얻을 수 없습니다.

여기서 중요한 것은 클릭하고 싶은 마음을 억누르고 1분만 생각하는 시간과 여유를 가져야 한다는 점입니다.

- 왜 코다마 신칸센일까?
- 과연 승객이 5년 만에 70% 늘어난 이유는 무엇 때문일까?

꼭 나름의 의견을 가지고 생각해 보아야 합니다.

예를 들면 '경기 침체의 영향으로 저가격 수요가 증가하여 신칸센 또한 저가 수요가 많아진 것은 아닐까? 혹은 조금 비싼 노조미 신칸센의 이용자가 보다 저렴한 코다마 신칸센으로 환승 수요가 발생했을지도 모르지 않는가?' 등 자신만의 의견을 정리한 후 비로소 처음으로 그 기사를 클릭합니다.

기사의 내용은 제 생각과 거의 일치하였습니다. 고속버스

4 일본의 관서지방(히메지, 고베, 오사카)을 잇는 산요전차.

나 LCC와 같은 저렴한 이동수단이 출현하여 상대적으로 고가격대인 '노조미 신칸센'과 경쟁하고 있다는 것이었습니다.

☑ 비즈니스 능력을 향상시키는 것은 정보량이 아니라 생각하는 습관을 가지는 것이다.
☑ 정보를 접할 때는 자신만의 의견을 가져야 한다.

바로 답을 구하지 말고, 1분만 생각할 시간을 가진다.

접할 수 있는 정보들

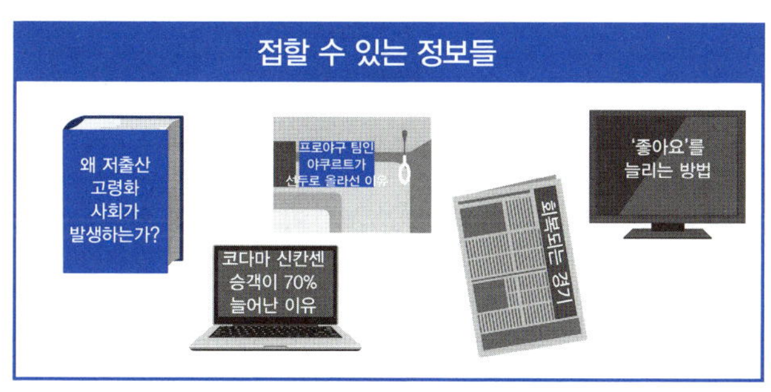

관심있는 키워드를 고른 후, 1분 정도 그 이유를 생각해 본다

왜 이러한 현상이 발생하는지를 고민한다

자신의 생각과 맞춰 본다

자신의 생각이 맞는지 조사한다

26 계속 생각하기

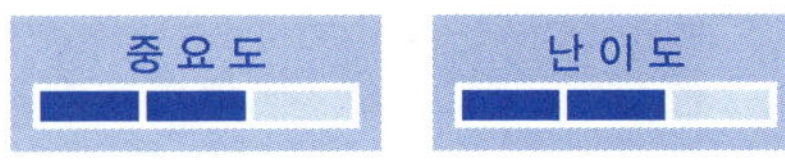

자신의 의견을 가져야만 배움의 기회가 생깁니다. 내 결론과 다르다면 공부가 될 수 있고, 만약 내 결론대로라고 해도 결론에 이르기까지의 생각이 달라지거나 시점이 틀릴 수도 있습니다. 그것도 하나의 배움입니다. 이를 반복함으로써 배울 수 있고, 그래야만 그 지식도 온전히 자신만의 것이 됩니다.

다시 한 번 신칸센의 예로 말씀드리겠습니다. 저가 노선이라는 결론은 제가 생각한 것과 같았지만, 그 과정에서 고가격 지향의 '노조미 신칸센' 이용자가 보다 저렴한 중간 가격대의 '코다마 신칸센'으로 수요가 옮아갔다고 생각했습니다. 그러나 자세히 읽어보니 기사에서는 다른 사실의 존재도 지적하고 있었습니다.

새롭게 '코다마 신칸센'을 이용하게 된 고객의 대부분은 지금까지 고속버스나 자가용을 이용하고 있던 사람들이었습니다. 그 사람들이 신칸센이라는 교통수단으로 갈아탄 것(스위칭)이었습니다.

자가용이나 고속버스 이용자는 이동 시간이 걸려도 저렴하게 이동하고 싶은 사람들입니다. 그러나 그들도 고속버스보다 조금 가격이 비싸도 괜찮으니 보다 쾌적하게 이동하고 싶다는 니즈가 있었던 것 같습니다. 결국, 저가격 고속버스에서 중가격의 '코다마 신칸센'으로 옮아간 것입니다. 이는 단순히 저가격 현상과는 달리 보아야 하는 겁니다.

만약 처음부터 개인 의견을 가지고 있지 않았다면 아마도 이러한 고객들의 동향과 특징들이 머릿속에 남아있지 않았을 것입니다. 그러나 일단 자신의 의견을 고심하게 되면 이는 새로운 현상들의 발견으로 이어집니다.

두뇌 회전을 빨리하기 위한 특별한 방법은 존재하지 않습니다. 그러나 컨설팅 회사라는 거의 매일 강제적으로 생각과 고민을 하게 되는 업무 환경 하에서는 자연적으로 두뇌 회전이 빨라질 수밖에 없습니다. 1년차인 저조차 상사는 언제나 제 의견을 물어옵니다.

"오오이시 씨는 어떻게 생각해? 이것이 맞다고 생각해?"라고 말입니다.

틀릴 수 있다는 것을 두려워 마라

그리고 이것 또한 기억하여야 합니다. '자신의 생각과 의견을 가진다는 것'은 '정답을 알고 있다'는 것과는 별개의 얘기라는 점입니다. 생각과 의견은 틀려도 괜찮습니다. 정작 틀린 것을 찾아내거나 다른 사람들과 생각 차이가 있다는 것을 인식하기 위해 생각과 의견을 가지기 때문입니다.

정답을 외울 필요는 없습니다. 항상 자신의 생각을 가지고 정보를 접하고, 보다 깊은 생각을 해야 합니다.

처음에는 좀 엉성해 보이거나 논리적이지 않아도 전혀 상관없습니다. 어쨌든 '나 같으면 이렇게 생각한다'는 스토리를 가지고 책을 읽거나, 유명인의 트윗을 접하거나 기사를 읽어야 합니다.

그것이 가능해지면 점차 신문이나 뉴스에 위화감을 느낄 수 있게 될 것입니다. "그 결론에는 근거가 없다거나 그 분석은 너무나 단편적이다"고 말이죠.

그렇게 되면 당신의 사고력과 비즈니스 능력은 현저히 향상되어 있을 것입니다.

이렇게 배양한 사고력은 15년은커녕 평생 도움이 되는 능력으로 거듭날 것입니다.

☑ 자신의 의견을 가지고 정보를 접할 때 비로소 배움의 기회가 생긴다.

☑ 정답을 그냥 외우려고 하지 말아라.

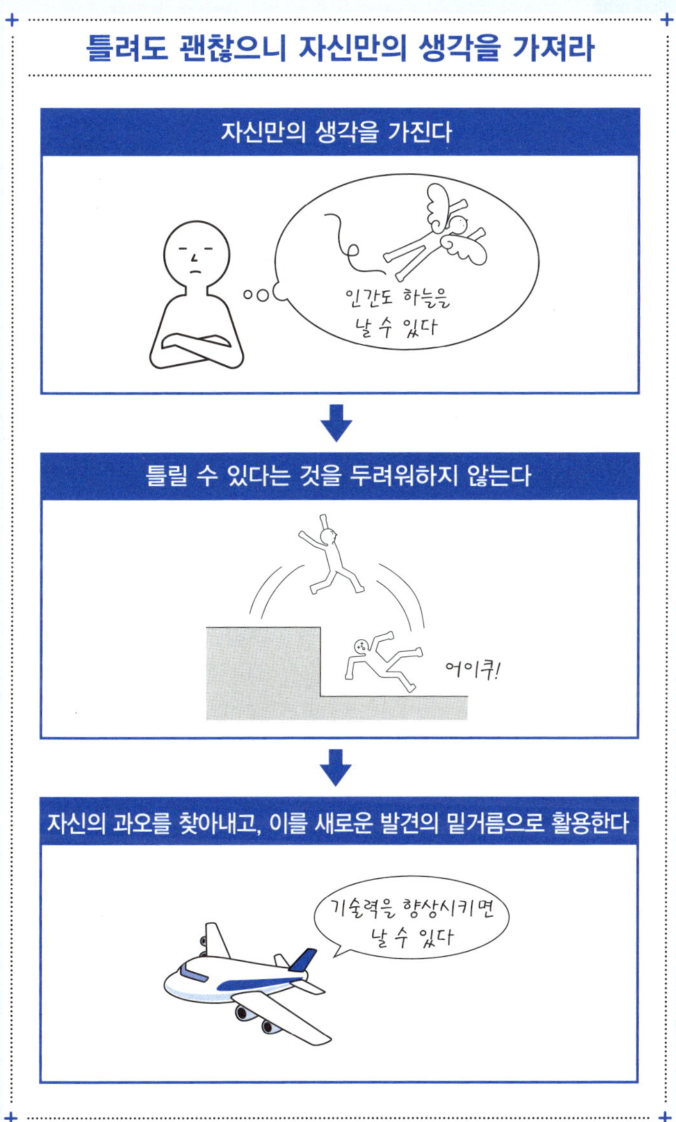
틀려도 괜찮으니 자신만의 생각을 가져라
자신만의 생각을 가진다
인간도 하늘을 날 수 있다
틀릴 수 있다는 것을 두려워하지 않는다
어이쿠!
자신의 과오를 찾아내고, 이를 새로운 발견의 밑거름으로 활용한다
기술력을 향상시키면 날 수 있다

27 본질을 추구하기

클라이언트가 컨설팅 회사에 요구하는 것은 단순한 '정보'가 아니라 '본질'입니다. 이 두 가지 차이점을 어떤 컨설턴트분의 체험담을 바탕으로 설명 드리겠습니다.

그는 컨설턴트로서 클라이언트가 인수하고자 하는 기업의 조사 역할을 맡고 있었습니다. M&A에서는 인수하고자 하는 회사에 대한 방대한 정보를 필요로 합니다. 그는 방대한 리서치를 통해 이를 보고서로 정리했습니다.

완성된 보고서는 비즈니스 모델, 수익성, 재무 상황, 영업 체계, 기업문화까지 모든 것이 다각도로 조사된 정밀한 내용의 것이었습니다. 클라이언트에게 가져갔더니 이 보고서를 보자마자 매몰차게 이렇게 쏘아붙였다고 합니다.

"이런 자료는 필요 없어요. 토막 난 개별 정보 말고 본질을 알려줘야죠. 우리가 알고 싶은 것은 인수하고자 하는 이 회사가 어떤 코어 엔진에 의해 움직이고 있는지, 그리고 인수할 경우 타당한 기업가치는 얼마인지 이 두 가지뿐입니다."

그는 정말 엄청난 충격을 받았다고 합니다. "정보가 아니라 본질을 알려 달라." 클라이언트가 알고 싶은 것은 그것뿐이었습니다.

물론 개별 분석이나 조사 또한 업무상 당연히 필요로 하는 작업입니다. 그러나 요구되고 있던 것은 그것들을 통합한, 즉 "그러니까 무엇인가?"라는 본질을 나타내는 것이었습니다.

이 경험은 그의 입장에서 '사고란 무엇인가'에 대한 패러다임 전환을 일으킨 큰 사건이었다고 했습니다. **정보를 모으는 프로세스만으로 업무를 다 했다고 생각하면 큰 오산입니다. 그 앞에 있는 '본질'을 제시할 수 있어야 비로소 가치가 창출되는 겁니다.**

본질을 찾기 위해서는 정보량이 아니라 보다 높은 관점이 필요하다

또 다른 예를 들어 iPhone에 비추어 '본질'이란 무엇인가를 살펴보도록 합시다.

iPhone이 발매되었을 당시 많은 사람들은 '단말기에 전화 기능을 붙였을 뿐', '기존 기술을 이어 붙인 조잡한 것'이라 비난하는 사람들이 적지 않았습니다. 기술적으로는 일본의 휴대전화나 네트워크가 더 진화되어 있다고 말이죠. 확실히 iPhone은 기술적인 측면에서 볼 때 이미 존재했던 기술의 집합체일지도 모릅니다.

그러나 거기에는 본질적인 이노베이션이 제시되어 있었습

니다. 기술의 이노베이션은 없을지 몰라도 '네트워크와 인간의 새로운 관계법'이라는 한층 높은 라이프 스타일이 제시되고 있었기 때문입니다. 그 높은 관점이야말로 스티브 잡스가 고민한 '사고의 본질'이었습니다.

많은 사람들이 많은 정보를 사들이고, 과거를 분석하며, 개별 사례연구를 통해 수많은 결론을 내립니다. 이럴 수도 있고 저럴 수도 있다. 이런 예도 있고 저런 예도 있다고 말이죠. 그러나 그것들을 10배 아니 20배 늘어놓아 보아도 가장 중요한 본질이 누락되어 있다면 아무런 가치도 없습니다.

결과적으로 고객이 필요하다고 말했다는 이유만으로 기능 버튼이 40개 혹은 50개나 되는, 실생활에서는 별 도움도 주지 못하는 불필요한 리모컨이 만들어질 뿐입니다. iPhone을 창조하기 위해서는 휴대전화라는 개념을 버리고 한층 더 높은 관점에서 인간과 디바이스의 관계를 다시 파악할 필요가 있었습니다.

'사고한다'는 것은 정보를 많이 모으고 기능을 많이 추가하는 것이 아닙니다. 또한 두꺼운 보고서를 만드는 것도 아닙니다. 기껏해야 하나 또는 두 개 정도의 본질을 추출하여 그것을 계속해서 연마하는 것입니다.

☑ 정보를 모으는 것만이 아니라 본질을 제시함으로써 비로소 상대방의 요구에 부응할 수 있다.

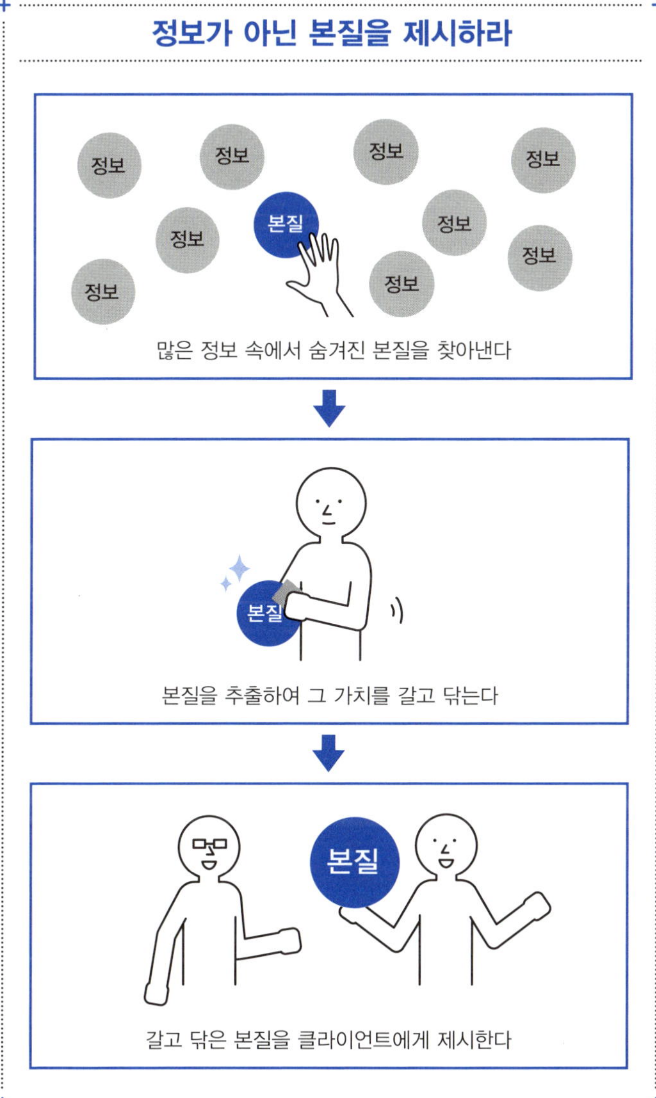
정보가 아닌 본질을 제시하라
정보
정보
정보
정보
본질
정보
정보
정보
정보
정보
많은 정보 속에서 숨겨진 본질을 찾아낸다
본질
본질을 추출하여 그 가치를 갈고 닦는다
본질
갈고 닦은 본질을 클라이언트에게 제시한다

제3장

컨설턴트식 데스크워크

제3장

컨설턴트식 데스크워크

28 회의록 작성을 마스터하기

신입사원의 업무 중에 가장 많이 하게 되는 일이라면 단연 '회의록 작성'일 겁니다. 어느 회사나 그렇겠지만 회의록 작성 같은 업무는 신입이나 젊은 직원들의 몫입니다.

다만 회의록 작성의 경우에 있어 무엇을 어떻게 작성하면 좋을지, 그다지 노하우라고 말할 수 있는 부분은 없습니다. 그렇기 때문에 지금도 여전히 많은 신입들은 힘들게 회의록을 작성하고 있는 것 같습니다.

컨설팅 회사에서도 마찬가지로 회의록 작성은 신입들의 몫이지만, 이 업무를 빨리 처리하지 못하면 곤란한 상황에 처해집니다. 어떻게 보면 첫 번째 관문에 해당되죠. 저도 기본 중의 기본 업무로서 제대로 훈련을 받았습니다.

상사에게 처음 쓴 회의록의 첨삭을 부탁했더니 3시간 동안이나 여러 지적을 받았다는 사람도 있었습니다. 선배 컨설턴트가 바쁜 와중에도 정성껏 3시간이나 들여서 첨삭을 도와준다는 것은 보통 일이 아닙니다. 바꾸어 말하면 그렇게 해서라도 1년차 컨설턴트가 회의록을 제대로 쓸 수 있길 바랬다는 말이니까요.

왜냐하면 회의록이라는 것은 문서 작성의 기본 중의 기본인데요, 이는 문서 작성에 있어서 기본적인 룰이나 작성법이 응집되어 있는 문서이기 때문입니다. 이것이 가능해지면 다른 문서도 잘 만들 수 있게 되기 때문에 회의록을 통해서 문서 작성의 기본을 일부러 3시간이나 걸려서 힘들게 지도해 준 것입니다.

문서 작성의 모든 것은 회의록 작성에서 시작된다고 해도 과언이 아닙니다.

회의록은 기록용으로, 가능한 한 결정사항들만 간결하게 기입한다

신입들이 저지르기 쉬운 가장 흔한 실수는 발언록을 써버리는 것입니다. 누가 어떤 말을 했는지를 일일이 써버리는 것이죠. 저 사람이 저렇게 얘기했고, 이 사람이 이렇게 얘기했다는 등 여러 가지 의견들이 있었다고 말입니다. 그러한 발언들을 시계열적으로 단순히 기록해서 만들어버리는 것입니다. 이는 회의를 녹음하고 내용들을 문서화한 것에 불가하기 때문에 당연히 NG입니다.

본래 회의록이란 그 회의에서 결정된 사항들을 기록하는 것입니다. 그게 원칙입니다. 단적으로 말하면 회의 상의 '과정'은 필요 없고, 그 회의에서 '무엇이 결정되었는지'를 기록하는 것입니다. 결국 결정된 것을 기록으로 남기는 것이 회의록입니다.

정해진 것은 '결정사항'이라 하고, 예를 들면 이런 겁니다.

- 고객 대응을 위해 새롭게 1명을 전담 배정한다.
- 다음 달 설명회는 X월 X일 13시부터 열리며, B씨와 K씨가 담당한다.

회의에서 결정된 내용들을 모두가 확인할 수 있게 하고, 나중에 '그건 결정사항이 아니다', 혹은 '아니 분명히 결정했다'와 같은 분쟁거리를 방지하기 위해 기록을 남겨두는 것이 회의록의 본래 목적입니다.

일상 생활에 있어서도 마찬가지입니다. 예를 들면 구두로 정한 약속을 이메일이나 채팅으로 연락을 취하는 경우가 있을 것입니다. "좀 전에 이야기한 다음 회식 건, 다음 주 수요일 19시부터 ○○식당으로 결정했습니다. 확인 부탁합니다". 이것이야말로 회의록의 결정판입니다.

결정된 것, 확인 받고 싶은 내용을 간결하게 작성하여 관계자에게 보내 내용에 실수가 있는지 확인을 받은 후 최종적으로 결정하면 됩니다. 이게 회의록의 역할입니다.

☑ 회의록이란 결정사항, 확인사항 등을 기록하여 관계자에게 확인 받고 결정하기 위한 것이며, 또한 그 결정사항을 증거로 남기기 위한 것이다.

회의록에는 문서작성 규칙과 작성법이 응축되어 있다

회의 중 결정된
사항들을 정리

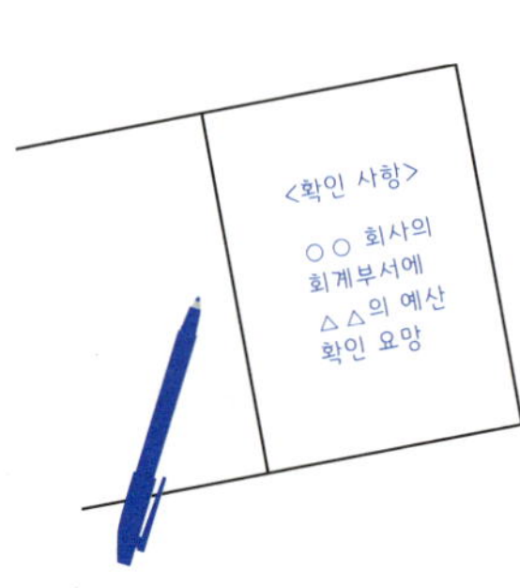

상대방에게 확인 받고
싶은 내용을 메모

모든 사람들이 알기 쉽도록
간략하게 작성

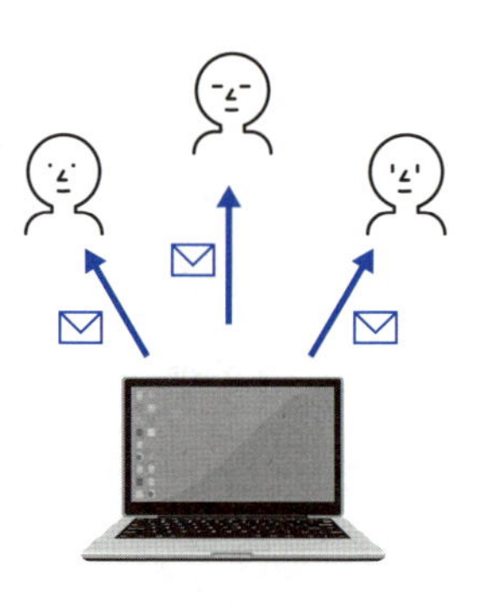

관계자들에게 틀린 부분이
없는지 확인 받을 것

29 구체적인 회의록 작성법

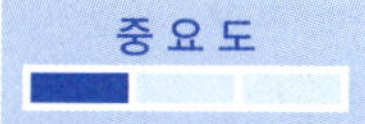

다음으로 회의록에서 반드시 포함시켜야 할 항목들을 살펴보도록 합시다.

'날짜', '장소', '참가자', '오늘의 어젠다(agenda: 논점 및 의제)'

위의 내용은 너무나도 당연한 것이며, 중요한 부분은 다음의 네 가지입니다.

'결정사항', '미결정사항', '확인요망사항', '다음 회의 때까지의 To-Do(누가 언제까지)[1]'로 구분됩니다.

이 네 가지가 간결하고, 깔끔하게 정리되어 있다면 완벽합니다.

회의록의 작성 시 먼저 이러한 항목들을 헤드라인으로 설정해 두십시오.

나머지는 그 표제 아래에 문장식으로 쓰지 말고, 번호 등을

1 To-Do와 비슷한 용어로 'Task'가 있는데, Task는 '기한까지 해야 할 일, 반드시 해야 할 일'을 의미합니다. 예를 들어, '거래처에 대한 발표 자료'는 거래처와 원활하게 소통할 수 있도록 Task로서 기한을 설정해야 합니다. 이처럼 To-Do와 Task는 둘 다 '업무에서 발생한 해야 할 작업'이지만, 명확한 기한이 설정되어 있느냐에 따라 조금의 차이가 있습니다. (역자 주)

붙이며 각 항목별로 포인트만 작성하며 내용물을 채워 나갑니다. 예를 들면 메모 형식의 표라고 생각하면 이해가 쉬울 것입니다. 매우 간략하게 보일 수 있지만 이것만으로도 내용을 쉽게 이해할 수 있습니다.

실제 논의 과정에서는 우여곡절이 있어 여러 이야기가 나올 수 있지만, 그러한 시계열적 발언은 다 무시하고 위 네 가지 항목의 포맷에 의거하여 정해진 것, 정해진 사실만 간결하게 작성하는, 즉 내용을 구조화하여 작성해야 합니다.

우선 이러한 형식으로 작성할 수 있을 때까지 계속 반복해 보십시오.

그리고, 회의록 그 자체가 증거로서의 기능이 있기 때문에 남겨 두어야 할 '부수적 의견'이라는 것도 있습니다. 이렇게 결정되었는데 ◎◎씨는 이런 의사를 표현했다든가, 저러한 반대 의견이 있었는데 이렇게 결정됐다든가 등의 내용입니다.

이렇게 결정사항에 관해서 누군가의 의견이나 발언을 참고로 그 내용들을 포함시키는 것은 상관 없습니다. 특히, 그 회의의 핵심 인물이 어떤 의견을 가졌는지를 덧붙이는 것은 효과적일 것입니다.

어디까지나 결정된 사실을 회의록에 적습니다만, 보충사항으로서 핵심 인물의 의견이나 간단한 경위를 정리해 두는 것입니다.

발언록을 기록하는 경우

회의록을 발언록 형식으로 작성하면 NG라고 했는데 예외는 있습니다.

예를 들어, 재판이나 국회에서의 발언록이 그것입니다. 여기에서는 누가 어떻게 발언했는지 발언 내용 그대로 기록으로 남겨둘 필요가 있습니다. 이런 유형의 회의록도 존재하지만, 비즈니스 현장에서는 거의 사용되지 않습니다.

정리하면 다음과 같습니다.

● 재판이나 국회 의사록

누가 무슨 말을 했는지, 말실수도 포함하여 정확하게 증거로 남기기 위해 한 글자도 빠뜨리지 않고 전부 문자로 기록을 남기는 유형의 회의록.

● 비즈니스 회의록

결정사항이나 유보사항 등 무엇이 정해졌고, 무엇이 정해지지 않았는지 확인하고, 정해진 것에 대해서는 관계자 간에 인식 차이가 없는지를 증거로 남기기 위한 회의록.

☑ 결정사항 외에 미결정사항, 확인요망사항, 다음 번까지 해야 할 사항들을 간결하고 명확하게 정리한다.

회의록 작성 예시

날짜	2023년 5월 25일(목) 오후 3시~4시
장소	주식회사 ○○ 8층 회의실
참가자	A부장, B과장, C계장, D사원, E사원, F사원
어젠다	신규 오픈 예정의 웹사이트 디자인 안 결정
결정사항	디자인 회사의 디자인 안 중 C안을 채용함. 단, 아래의 내용을 수정하도록 요청 ① 메인 페이지의 디자인을 고객 등록이 쉽도록 수정 ② HTML Living Standard를 사용하여 애니메이션 효과를 첨부
미결정사항	검토한 도메인명 대부분이 다른 회사들이 이미 등록한 것들로 적절한 것이 없어서 미결정
확인요망사항	HTML Living Standard의 사용은 기본적으로 OK 단, 만일을 대비하여 세부 내용을 XX부서에 재확인할 것 ※아직 유저들의 설정 지식 부족으로 홈페이지가 작동되지 않는 브라우저가 있을 수 있다는 것을 알고 있으나, 사이트의 목적을 고려해 보면 인터넷 지식이 풍부한 유저가 사용할 것이기 때문에 문제없다고 판단됨 (A부장 의견)
다음 회의를 위한 To-Do	획득 가능한 도메인 리스트를 A부장 부서에서 책임지고 차기 회의까지 준비할 것

30 최강의 파워포인트 작성 기술

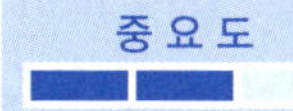

컨설팅만 아니라 많은 업무에서 PPT 자료 작성을 위해 파워포인트 등의 프로그램을 이용하는 경우가 많을 것입니다. PPT 자료 작성은 1년차에만 국한되는 업무가 아니라 평생 동안 다른 업계로 이직을 해도 따라다니는 업무 스킬입니다.

그래서 PPT 자료 만드는 방법 또한 컨설턴트 시절에 배울 수 있어서 정말 다행이라고 생각하는 것 중 하나입니다. 또한 PPT 작성 스킬만이 아니라 알기 쉬운 자료를 만드는 요령 그 자체를 배울 수 있었습니다.

컨설팅식 PPT는 한마디로 'Simple is Best'입니다. 말하고 싶은 것이 명확하고, 심플하며, 보기 쉬워야 합니다. 많은 내용들을 슬라이드 한 장에 모두 담아 싣는 '한 장짜리 기획서'와 같은 것도 있다는 것을 알고 있습니다만(관공서 PPT에 많음), 저는 'Simple is Best'의 작성 방식이 몸에 배어 있기 때문인지 이것이 가장 좋은 방법이라고 생각합니다.

One 슬라이드, One 메시지

심플한 자료를 만드는 요령 또한 심플합니다. 하나의 원칙만 외우십시오. 바로 'One 슬라이드, One 메시지'의 원칙입니다.

요컨대 1장의 PPT 슬라이드에 너무 많은 것을 넣지 말아야 한다는 것입니다.

One 슬라이드(슬라이드 1장)에는 하나의 메시지만 전달하십시오. 잊으시면 안 됩니다. 한 장에 하나입니다. 이 원칙을 지키면 PPT 자료가 심플해지고, 재사용 시에도 슬라이드 교체가 용이해지며, 이와 더불어 생산성도 올라갑니다.

여기서 중요한 점은 전달 내용을 하나의 구절이나 키워드로 표현해야 한다는 것입니다. 사실 이게 의외로 어렵습니다.

무심코 상대의 이해를 돕는다는 명목으로 서비스 정신을 발휘하여 많은 그림과 그래프들을 한 장의 슬라이드 안에 도배하기 쉽습니다. 거기에는 굵은 폰트나 붉은 색으로 표시된 강조 메시지, 그리고 말풍선 코멘트까지….

이런 PPT 자료는 도대체 무슨 말을 하고 싶은 것인지 이해가 안 됩니다. 말하고 싶은 메세지가 너무 많이 담겨 있다보니 보는 쪽은 이것을 어떻게 해석해야 할지, 무엇이 가장 중요한지 모르게 됩니다. 어떻게 보면 PPT를 만든 당사자인 본인도 모르고 있을 가능성이 큽니다. 스스로도 정리가 제대로 안 된 것이죠. 그리고 하나의 그래프에 많은 결론들이 써져 있는 PPT도 흔히 볼 수 있습니다. 이것 또한 이해가 안 되는 것은 마찬가지입니다.

듣는 사람의 입장에서 알고 싶은 것은 '그 그래프를 어떻게 읽을 것인가?'에 대한 당신의 해석 부분입니다. 요컨대 '무슨 말을 하고 싶은 건지, 그리고 어떤 근거로 그렇게 말할 수 있는지'라는 부분입니다.

하나의 그래프를 보여주게 되면 당신의 해석은 하나뿐입니다. 하나의 메시지만 전달하면 됩니다. 'One 슬라이드, One 메시지'에서는 기본적으로 그래프나 표가 하나여야 합니다. 그리고 그 그래프에서 읽을 수 있는 해석과 주장도 하나만 제시해 줍니다. 이게 기본적인 구성입니다.

요컨대 '① 근거가 되는 숫자나 사실 + ② 자신의 해석이나 주장'을 1장의 슬라이드에 함께 제시합니다. 즉, 슬라이드당 '근거+주장'이라는 하나의 메시지만 전달해야 합니다.

이렇게 한 장 한 장을 심플하게 조합해서 하나의 '스토리 흐름'을 만들어 갑니다. 만약 여러 가지 메시지를 전달하고 싶다면 슬라이드를 분할하면 됩니다. 2장이나 혹은 3장으로 말이죠. 이 때문에 전체 매수는 증가하겠지만 이 편이 더 이해하기 쉽습니다.

- ☑ 1장의 PPT 슬라이드에 너무 많은 것을 담으려 하지 않는다.
- ☑ 듣는 사람이 알고 싶은 것은 '그 그래프를 어떻게 분석했는가?'라는 해석 부분이다.

'One 슬라이드, One 메시지' 가 아닌 사례

'One 슬라이드, One 메시지'가 아닌 사례 ①

너무 많은 내용이 들어있다. 말하고 싶은 내용이 많을 경우 4장으로 분할하는 편이 좋다.

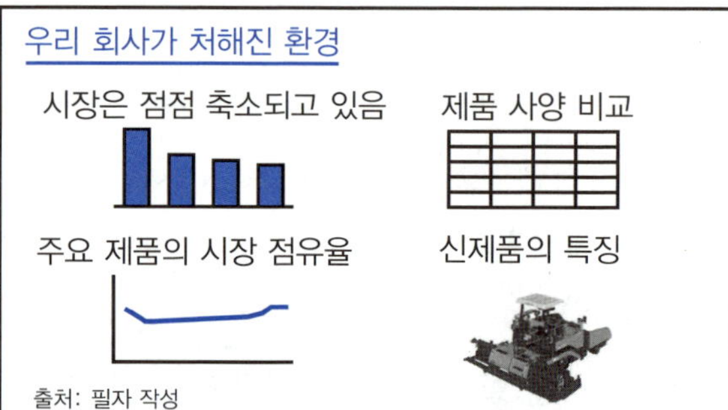

출처: 필자 작성

'One 슬라이드, One 메시지'가 아닌 사례 ②

하나의 그래프에 너무 많은 메시지를 전달하려 하기 때문에 어떤 부분이 어떻게 중요한지 이해하기 힘들다.

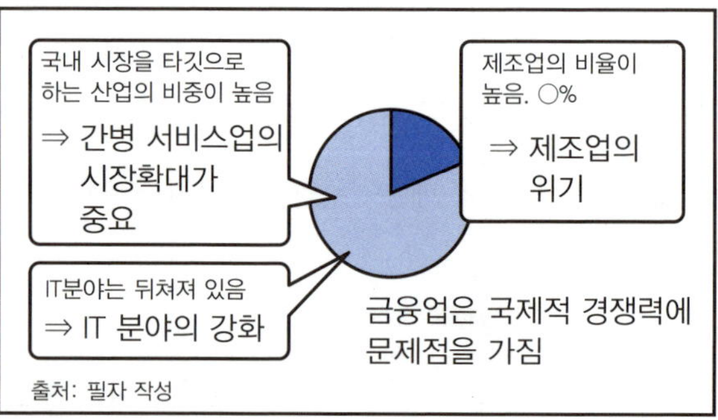

출처: 필자 작성

31 One 슬라이드, One 메시지 만들기

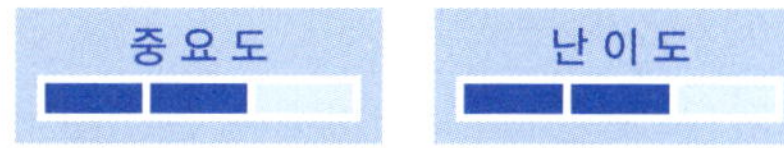

'One 슬라이드, One 메시지'로 구성된 PPT 자료의 이점을 정리해 보겠습니다.

① 이해하기 쉬움

'근거 + 의견'이 하나의 세트로 구성되어 있기 때문에 논지가 명확하고 전달하고자 하는 내용을 함축할 수 있다.

② 듣는 사람도 편안함

슬라이드 한 장당 한 가지만 이해하면 되기 때문에 듣는 사람의 입장에서도 부담감이 적다.

③ 불필요한 부분의 생략이나 삭제가 용이

내용을 한 장 단위로 만들었기 때문에 발표 중에 상대의 이해도에 따라 중간을 생략하여 건너뛰는 것도 용이하다.

④ 재사용이 간단함

자료 교체가 간단하다. 자료 구성을 대폭 변경할 때도 1장 1장이 내용별 파트로 구분되어 있기 때문에 정렬 순서를 바꾸거나 첨부 및 삭제로 다양한 상황에서의 대응이 가능하다. 상세판이나 요약판을 만드는 경우에도 포인트가 되는 슬라이드를 뽑아내고, 표제에 상당하는 슬라이드를 더하여 수정하면 OK.

'One 슬라이드, One 메시지' 자료를 직접 만들어 보자

① 근거 부분

기본적으로는 객관적인 데이터가 이에 해당됩니다. 통계나 설문조사 결과 등 숫자로 나타낼 수 있는 누구나 납득 가능한 데이터를 활용하는 편이 가장 설득력이 있습니다.

데이터는 자신의 주장 내용에 맞추어 가공합니다. 그래프나 표로 만드는 것이 가장 일반적이며, 주장과 관련된 부분을 알 수 있도록 폰트 크기로 강조하거나 색상을 덧입히는 등 보기 쉬운 자료로 작성합니다.

또한, 통계와 설문조사 결과 이외에도 주장하고 싶은 내용의 근거가 많을수록 좋기 때문에 '인터뷰 내용', '인용 문건', '관련 그림', '현장 사진'도 상관 없습니다. 하나의 주장을 뒷받침할 수 있다면 한 장의 슬라이드 안에 근거 그래프를 나란히 두 개 정도 인용해도 괜찮습니다. 단, 두 개까지입니다. 그 이상은 보기 힘들어집니다.

② 해석과 주장 부분

그래프나 표를 통해 어떤 것을 전달하고, 무엇을 주장할 것인가를 명확하게 기술합니다. 사례로서는 "제조업 대국이라는 전제가 과연 옳은 것인가?"는 메세지를 명확하게 하고 있습니다.

'근거와 해석 및 주장' 부분은 언제나 한 세트로 움직여야 합니다. 근거와 주장을 일대일의 비율로 균형 있게 배치하는 것이 중요합니다.

가끔 그래프나 표만 인용하여 많이 붙였을 뿐 그것들을 통해 무엇을 전달하고자 하는지 전혀 알 수 없는 슬라이드가 있습니다. 즉, 해석과 주장 부분이 없는 것입니다. 그러면 듣는 사람은 이를 전혀 이해할 수 없게 됩니다. 더욱이 하나의 그래프를 통해 '이런 주장도 있고, 이런 방법이 있을 수 있다'는 등의 많은 메시지를 전달하고자 하는 경우가 있는데(하나의 근거에 주장이 복수), 만약 전달하고자 하는 내용이 복수라면 내용별로 몇 장으로 나누는 것이 기본입니다.

③ 타이틀

제목은 별로 중요하지 않습니다. 표제어 정도로 충분합니다.

④ 자료 출처

신뢰성 있는 자료로 만들기 위해서는 자료의 출처를 밝히는 것이 필수입니다. 자사에서 독자적으로 작성한 데이터의 경우도 마찬가지로 정확하게 기입해야 합니다.

☑ 근거로는 객관적인 데이터를 제시하여야 한다.

☑ '근거가 되는 숫자나 사실' + '자신의 해석 및 주장'이 한 세트로 움직여야 한다.

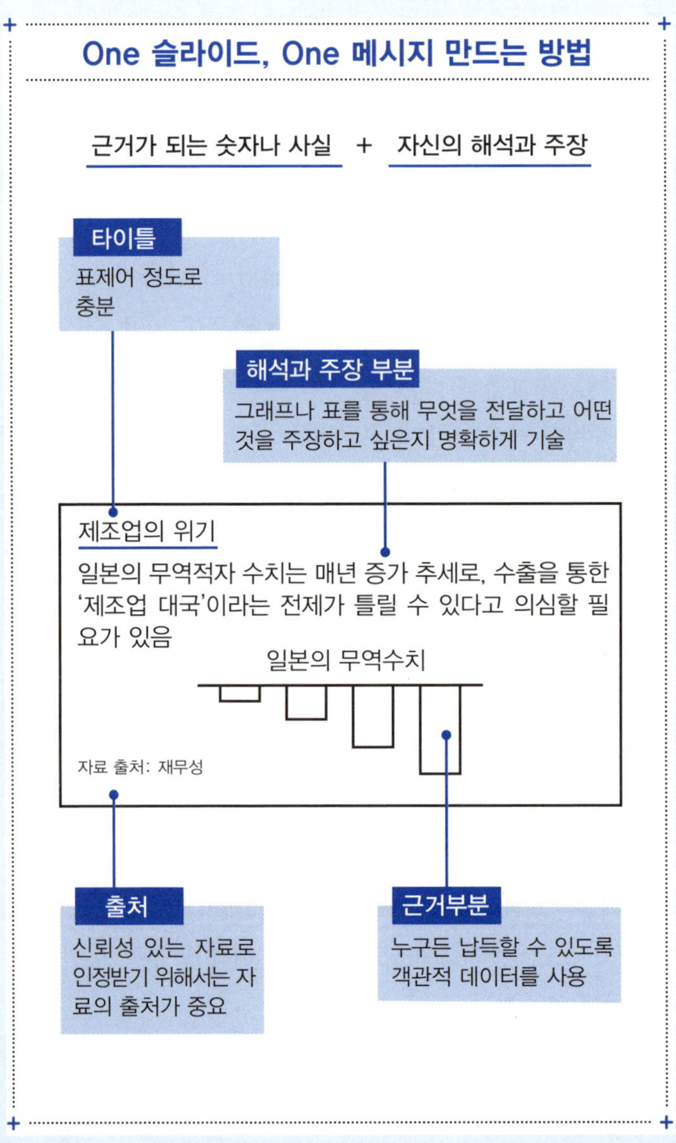
One 슬라이드, One 메시지 만드는 방법
근거가 되는 숫자나 사실 + 자신의 해석과 주장
타이틀
표제어 정도로 충분
해석과 주장 부분
그래프나 표를 통해 무엇을 전달하고 어떤 것을 주장하고 싶은지 명확하게 기술
제조업의 위기
일본의 무역적자 수치는 매년 증가 추세로, 수출을 통한 '제조업 대국'이라는 전제가 틀릴 수 있다고 의심할 필요가 있음
일본의 무역수치
자료 출처: 재무성
출처
신뢰성 있는 자료로 인정받기 위해서는 자료의 출처가 중요
근거부분
누구든 납득할 수 있도록 객관적 데이터를 사용

32 스피드 있는 엑셀과 파워포인트 작성법

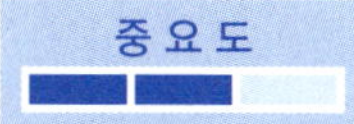

컨설팅 회사 출신들의 숨은 무기로 엑셀과 파워포인트의 작성 속도를 들 수 있습니다. 하루에 40~50장의 PPT 자료를 만든다는 것은 흔한 일로 컨설턴트 시절에는 이를 너무나 당연시했는데, 다른 업계 사람들이 보면 경이로운 스피드로 보여질 수 있을 것 같습니다. 왜 이렇게까지 크게 차이가 나는 것일까요?

단축 키(key) 조작의 스피드가 관건

우선 컨설팅 업무에 있어서는 단축 키 조작 속도가 사활 문제로 직결된다는 점입니다. 컨설턴트의 납품물은 기본적으로 보고서 형태가 대부분입니다. 그것은 PPT 형태를 띠는 경우가 많으며, 그러한 자료가 최종 산출물로서 고객에게 전달됩니다. 한편, 그러한 최종보고서에 이르기까지 몇 배에 이르는 자료들은 햇빛을 보지 못하는 자료들도 많습니다. 이를 우리는 소위 '폐기물'이라 부릅니다.

매일같이 행해지는 미팅이나 회의도 많기 때문에 그때마다 PPT로 해당 자료들을 만듭니다. 엑셀도 마찬가지입니다. 특히 신입들은 데이터 분석이나 그래프 작성 작업이 많기 때문에 10개 혹은 20개는 고사하고 수십 개에 이르는 그래프를 만들거나 숫자를 집계하기도 합니다.

즉, 컨설팅 업무에서는 대부분의 시간을 엑셀 또는 파워포인트를 사용하여 작업하는 데 소비하고 있습니다. 그래서 이 두 도구의 조작 스피드를 높이는 것이 곧 생산성 향상으로 직결됩니다. 이 작업이 느리면 다른 것이 아무리 빨라도 일이 빨리 끝나지 않습니다.

업무의 70~80%의 시간을 차지하는 툴의 조작 스피드를 올린다는 것은 전체 생산성 향상에 지극히 큰 임팩트를 가져옵니다(37. 중점사고 내용을 참조할 것). 도표 작성에서 부수적인 기능들을 외워 두면 작업 효율은 당연히 올라갑니다. 각 기능들의 단축키를 얕보아서는 절대 안 됩니다. 이러한 하나하나의 소소한 노력들이 컨설턴트 생산성의 원천이 되기 때문에 반드시 기억해 두어야 합니다.

툴의 조작 훈련으로 생산성을 향상시키기 위해 노력하는 행위는 커리어 향상에도 효율적인 방법이라고 생각합니다. 신입인 제가 처음으로 팀의 일원으로서 인정받게 된 계기는 숫자 데이터 분석 부분이었습니다. 매출 데이터의 양이 너무 많아 수십만 줄에 이르고, 엑셀에서는 도저히 행수가 부족하여 행간 이동도 무척이나 어려웠습니다. 그래서 Microsoft Access라는 데이터베이스 소프트웨어에 데이터를 도입하여 SQL이라는 프로그래밍 언어를 배우고, 그를 통해 얻은 데이터를 엑셀에 입력하여 그래프화함으로써 자동화를 할 수 있었습니다.

툴의 효율화는 주효했고, 만약 이를 수작업으로 했다면 고객이 기대하는 기한 내에 분석을 끝마칠 수 없었을 것입니다. 이 경험을 통해 얻은 빠른 데이터 처리 능력은 입사 1년차로 아무런 무기도 없었던 저에게 큰 자신감으로 돌아왔습니다. 툴 조작 속도만큼은 남들보다 빨랐기 때문에 그만큼 시간을 벌 수 있었습니다. 그리고 여유 시간에 보다 깊은 사고를 할 수 있었으며, 문제점들을 파악해 나갈 여유도 생겼습니다.

- ☑ 툴의 조작 스피드를 높이는 것은 훈련을 통해 누구나 가능한 생산성 향상 비법이다.
- ☑ 자료 작성에 소요되는 시간을 단축할 수 있다면 그만큼 생각할 여유 시간이 생긴다.

PPT 작성 스킬 ①

1 도표와 도형을 구분하여 작성

문자는 도형(shape) 안에 입력

글자는 도형을 클릭하여 선택, 그 도형 안에 직접 입력

글상자를 먼저 작성

Shape 설정

혹은 글자를 먼저 입력한, 해당 셰이프 자체의 테두리 색깔 및 스타일을 지정

2 도표 복사는 되도록 겹치지 않게

Ctrl 키와 S 키를 동시에 누르면서 도형을 복사해 그대로 사용

3 행간 변경 없이 작성

도형에 문자 입력시, 바깥으로 삐쳐 나오는 것을 막기 위해서는

이 때 행간을 조정하면 안됨

도형에 문자 입력시, 바깥으로 삐쳐 나오는 것을 막기 위해서는

Shape 서식 지정
>글자 상자
>그리기 개체 내에서 텍스트 변환 혹은 도형 내에서 텍스트 변환을 지정

33 엑셀과 파워포인트의 활용법 익히기

중요도
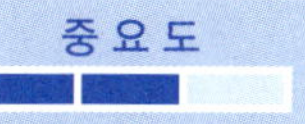
난이도

'스피드 업'의 구체적인 노하우를 소개합니다. 기본적으로는 단축키를 사용한다는 점입니다. 이는 엑셀과 파워포인트 모두에 해당됩니다. 단축키란 마우스를 사용하지 않고 키보드만을 사용한다는 것입니다.

예를 들어, 가장 많이 사용하는 것은 '파일 덮어쓰기와 저장'입니다. 이걸 일일이 파일 메뉴를 마우스로 클릭하고, 거기서 아래의 화살표를 눌러 메뉴창을 연 후, 덮어쓰기와 저장을 열어 클릭하는 식으로 하면 세 번의 클릭 공정이 필요하게 되고 시간은 3~4초 정도는 걸립니다.

한편, 덮어쓰기 저장을 하려면 Ctrl키와 S키를 동시에 누르기만 하면 자동 저장이 되므로 동일한 작업이 가능해집니다. 여기에 걸리는 시간은 불과 0.1초 정도겠네요. 이 속도의 차이는 압도적입니다.

그렇기 때문에 엑셀과 파워포인트의 조작 스피드를 높이기 위해서는 철저하게 단축키를 외워 두어야 합니다. 그리고 이를 머리로 기억할 것이 아니라 손이 '반사적으로' 움직여 0.1초만에 단축키 기능들을 소화할 수 있도록 숙련시켜야 합니다.

엑셀로 말하자면 시트의 이동, 행 삽입, 행의 데이터의 끝 칸으로 이동하여 셀의 서식 설정을 불러오는 등 이러한 작업들은 전부 단축키로 끝낼 수 있습니다. 파워포인트에서도 마찬가지로 새로운 슬라이드 삽입, 그림 그룹화 및 해제, 그림 높이 조절 등과 같은 작업이 단축키로 가능합니다. 취재에 응해준 컨설턴트 중에는 신입사원 시절에 상사가 마우스를 뺏어 들고 "앞으로는 전부 단축키로 서류 작성이 가능하도록 훈련하라"는 얘기를 들은 사람들도 있었다고 합니다.

컨설턴트들은 그 정도로 혹독하게 툴의 조작 효율을 추구하고 있는 것입니다.

그 외 작은 스킬들 사용하기

지금까지 거론한 스킬들은 하나의 예로 여러분들도 다 알고 계시는 상식적인 것일지 모르겠습니다. 이러한 기능들을 다 외워 두기만 하면 끝이 아닙니다. 여러분들이 사용하는 구체적인 툴에 맞춰서 매일같이 효율적인 스킬들을 자신의 용도에 맞춰서 개발해 나가야 합니다. 이 장의 취지는 바로 여기에 있습니다.

〈엑셀의 경우〉

- 셀 병합은 사용하지 않는다 (추후 수정이 불가).
- 숫자를 복사할 때는 직접 입력하지 않고 '='를 사용한다.
- 함수를 외운다. SUM / AVERAGE / VLOOKUP / IF 등와 같은 함수를 외워 둔다.
- 피벗 테이블을 마스터한다 (엑셀로 시뮬레이션 가능).

〈파워포인트의 경우〉 ※ 32.항과 33.항의 그림을 참조

- 매트릭스 작성의 경우, 먼저 큰 □을 그리고, 그 안에 2개의 선을 십자로 더해 그리는 것은 NG, □를 4개 조합하여 작성한다.
- 도형을 연결할 때는 커넥터를 사용한다.
- 도형 높이 조절 기능은 매우 편리하기 때문에 미리 기억해 둔다.

☑ 엑셀과 파워포인트의 조작 속도를 높이기 위해서 철저하게 단축키를 외워 둔다.

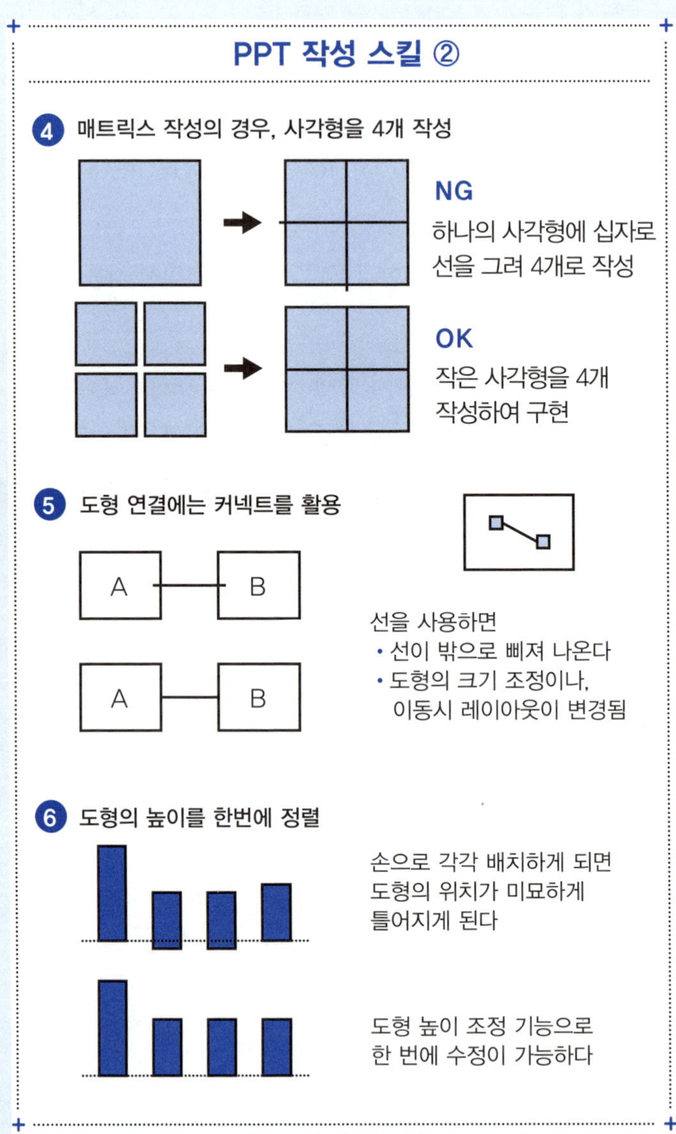
PPT 작성 스킬 ②
4 매트릭스 작성의 경우, 사각형을 4개 작성
NG
하나의 사각형에 십자로
선을 그려 4개로 작성
OK
작은 사각형을 4개
작성하여 구현
5 도형 연결에는 커넥트를 활용
A
B
A
B
선을 사용하면
• 선이 밖으로 삐져 나온다
• 도형의 크기 조정이나,
이동시 레이아웃이 변경됨
6 도형의 높이를 한번에 정렬
손으로 각각 배치하게 되면
도형의 위치가 미묘하게
틀어지게 된다
도형 높이 조정 기능으로
한 번에 수정이 가능하다

34 최종 성과물을 연상하며 역산해서 사고하기 ①

작업 기획 방법으로서 '처음부터 최종 성과물[2]을 상상하며 만든다'는 말이 있습니다. 간단히 말하면 일을 시작하는 시점에 이미 최종 성과물, 즉 최종 산출물의 뼈대를 만들어 둔다는 것입니다.

최종 산출물을 먼저 이미지화하고 설계하며 거기서 필요한 작업 순서를 역산하여 작업 형태를 이루어 나갑니다. 이것은 컨설턴트들 사이에서는 나름 유명한 방법이지만, 일반적으로는 그다지 알려져 있지 않은 것 같아 소개하고자 합니다.

어떤 자료를 만들려고 할 때 많은 사람들은 먼저 자료 수집부터 시작합니다. 리서치를 하고, 여러가지 정보를 입수하며,

---

2 원서에는 '空パック(비어 있는 팩)'으로 표기되어 있는데요, '비어 있는 팩'은 가설사고(假說思考)의 구체적인 방식의 하나인데, 컨설팅 그룹인 BCG가 많이 사용하고 있습니다. 이는 내용물이 채워지지 않은 슬라이드가 많이 있는 패키지를 의미하는데, BCG는 비어 있는 팩을 사용하여 먼저 전체 스토리를 결정한 후 그에 맞게 분석을 추천하고, 그에 따른 근거를 입증해 나간다고 합니다. 그런데 본서에서는 '최종 산출물'로 번역하였음을 참고 바랍니다. (역자 주)

웬만큼 정보가 모이게 되면 그것들을 정리하여 자료로 완성하는 것이 일반적인 방식일 것입니다.

컨설턴트들의 접근 방법은 최종 산출물을 역산하는 방법을 사용합니다. 이를 'Output Driven'이라고 합니다. 자료 작성 시 가장 먼저 하는 일이 자료들의 '개략적인 이미지'를 작성하는 것입니다.

구체적으로는 파워포인트에 타이틀만 입력해 나가면서 전체 아웃라인을 그려 나갑니다. 이 단계에서는 타이틀만 있고 내용은 없기 때문에 당연히 전부 여백입니다. 이를 'Blank Slide ppt'라고 부릅니다. 그리고 이러한 'Blank Slide'의 남은 여백을 어떻게 하면 채워 나갈지, 작업 내용을 고민합니다. 즉, 최종 산출물에서 역산하는 것입니다.

'최종 성과물의 이미지 작성'의 구체적인 예

먼저, 구체적인 예를 살펴보도록 합시다. 당신이 결혼식을 올린다고 가정해 봅시다. 결혼식 계획을 'Blank Slide' 형식으로 생각해 보도록 하죠.

일반적으로는 결혼식장에 문의하여 견적을 받아보거나, 그 이후 결혼 전문잡지나 관련 사이트를 살펴보거나 등의 행동을 통해 일단은 관련 정보를 수집할 것입니다. 그리고 어느 정도 정보가 모이게 되면 그때부터 검토에 들어가겠죠.

이에 비해, 산출물로부터 역산하는 방법이라는 것은 처음부터 진행표를 작성한다는 것입니다. 몇 시부터 시작해서 누가 사회를 보며 축하 영상으로 무엇을 상영하고, 하객들의 요리는 뭐가 좋을지, 이런 식으로 실제 예식 프로그램을 짜보는 것입니다. 구체적인 내용이 적혀 있지 않더라도 어떤 요소가 필요한지를 생각해보고, 내용물은 비어 있어도 괜찮으니 식순을 먼저 써 내려 갑니다. 그리고 타이틀만 적혀 있는 식순에 따라 구체적인 내용을 어떻게 채워 나갈지 검토합니다. 그리고 이를 위해 필요한 정보를 결혼 관련 잡지나 인터넷 정보를 통해 모으는 작업으로 이어 나갑니다.

테이블 위의 초대 손님 네임 플레이트가 필요하다면 처음부터 초대장은 누구에게 발송할 것인지, 어떤 디자인으로 언제까지 결혼식 참가 답변을 받을 것인지 등을 검토하는 것입니다. 이런 식으로 그 자체가 업무 과정을 밝혀낼 수도 있고, 검토 사항이나 워크 플래닝(work planning)도 가능하게 되는 것입니다.[3]

> ☑ 먼저 최종 성과물의 타이틀만 기입한 PPT를 만든 후, 타이틀별로 내용물을 채워 나가기 위한 작업을 행한다.

---

3 일본의 경우, 초대장이 없으면 결혼식에 참가할 수 없습니다. 그리고 결혼식은 연회식으로 개최되며, 일반적으로 참가자들의 지정 좌석이 마련되어 있습니다. (역자 주)

최종 산출물의 예

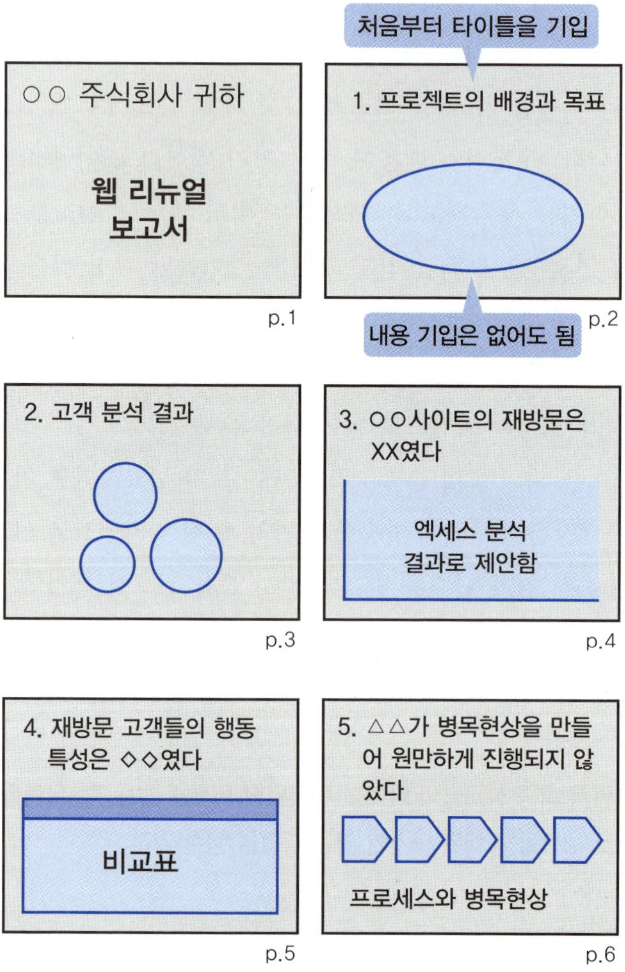

처음부터 타이틀을 기입

○○ 주식회사 귀하

웹 리뉴얼
보고서

p.1

1. 프로젝트의 배경과 목표

내용 기입은 없어도 됨

p.2

2. 고객 분석 결과

p.3

3. ○○사이트의 재방문은 XX였다

엑세스 분석
결과로 제안함

p.4

4. 재방문 고객들의 행동 특성은 ◇◇였다

비교표

p.5

5. △△가 병목현상을 만들어 원만하게 진행되지 않았다

프로세스와 병목현상

p.6

35 최종 성과물을 연상하며 역산해서 사고하기 ②

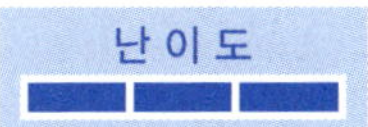

처음부터 최종 산출물을 연상하면 다음과 같은 장점이 있습니다.

① 최종 성과물의 이미지화가 용이하다.

최종 성과물을 이미지화할 수 있기 때문에 목표나 목적, 무엇을 만들 것인지가 명확해집니다.

② 그를 위한 필요한 작업과 공정 등을 알아낼 수 있다.

성과물부터 역산하여 '무엇을 해야 하는가'라는 관점에서 작업을 나열할 수 있습니다.

예를 들어 '재방문 고객은 누구인가'라는 슬라이드가 있고, 그 내용물이 채워져 있지 않다고 가정해 봅시다. 재방문 고객에 대한 분석 내용을 메우지 않으면 안 되기 때문에 예를 들어, 해당 사이트의 방문 데이터 분석 그래프가 필요할 것이고, 고객들의 구매 데이터와의 대조 및 비교 분석도 필요하다는 식으로 해당 슬라이드에 있어야 할 요소들이 눈에 들어올 것입니다.

그리고 그러한 그래프를 만들기 위해서 어떤 데이터가 필요할 것인가 역산해 나감으로써 워크 플래닝으로 이어 나갈 수 있습니다.

③ 워크 플랜 작성이 가능하다.

그러한 작업 목록들이 워크 플랜 그 자체가 됩니다.

④ 각각의 업무를 분류하여 업무별로 담당자들에게 동시 작업 의뢰가 가능해진다.

이것은 간과되기 쉬운 효과이지만 작업 리스트가 만들어지고 성과 이미지가 있기 때문에 처음 시점에 어떤 것과 어떤 것을 병행해서 진행해도 OK인가를 머릿속에 떠올릴 수 있습니다. 따라서 작업 카테고리별로 구분하여 여러 사람에게 동시에 업무를 할당할 수도 있는 것입니다.

⑤ 빠트린 업무 내용을 사전에 체크할 수 있다.

마지막 단계에 와서 '저게 부족했다', '저 부분의 데이터가 빠졌다' 라는 업무 실수가 현저히 줄어듭니다.

신입시절 때부터 역산하여 사고하는 습관을 들인다

처음부터 최종 산출물을 이미지화한다는 것은 의외로 고도의 작업으로 1년차 신입이 갑자기 할 수 있는 일은 아닐 것입니다. 단, 어떤 일이든 최종 산출물로부터 역산하여 사고하는 습관을 들여 두어야 합니다. 큰 프로젝트가 아니더라도 일상적인 작은 작업에서도 이러한 생각은 응용될 수 있고, 여행이나 휴가를 어떻게 결정할 것인지, 영어 실력을 높이기 위해서는 어떻게 할 것인지 등의 과제에서도 하나의 프로젝트로 감안한다면 이러한 사고 방법을 활용할 수 있습니다.

아래의 책에 '처음부터 최종 성과물의 이미지화'에 대한 해설이 있습니다.

〈참고 도서〉

秋山ゆかり, 『考えながら走る―グローバル・キャリアを磨く「五つの力」』, 早川書房

아키야마 유카리(저), 『생각하며 달리다 – 글로벌 커리어를 연마하는 '다섯 가지 힘'』, 하야카와 쇼보 출판사.

☑ 처음부터 최종 성과물을 이미지화하면 그것이 그대로 작업 리스트가 된다.

☑ 일상의 작은 업무나 작업에도 이러한 사고방식은 응용될 수 있다.

최종 산출물의 이미지화의 다섯 가지 장점

① 최종 산출물의 이미지화가 가능

목표나 목적, 무엇을
만들 것인지
명확해짐

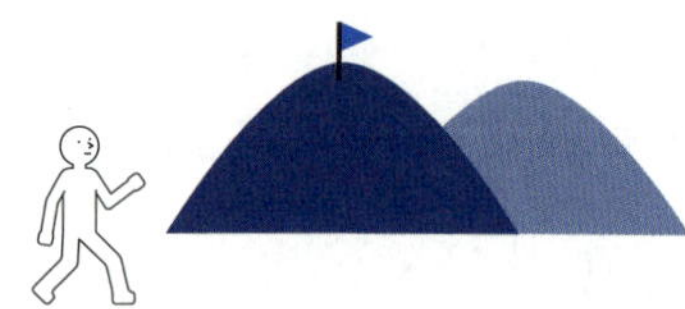

② 필요한 작업 내용이 파악 가능

성과물로부터 역산하여 무엇을
해야 하는지 작업 리스트업이
가능해짐

③ 워크 플랜작성이 가능

작업 리스트를 근거로
작업 플랜이 가능해짐

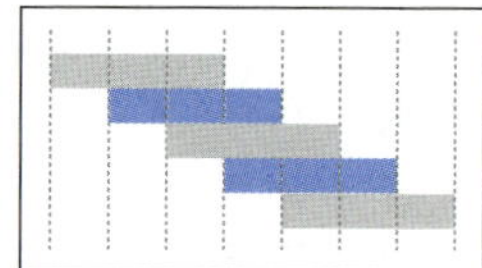

④ 복수 사람들에게 동시 업무 의뢰가 가능

병행해서 작업을
진행하기 때문에 다수의
사람들에게 업무 의뢰가
가능

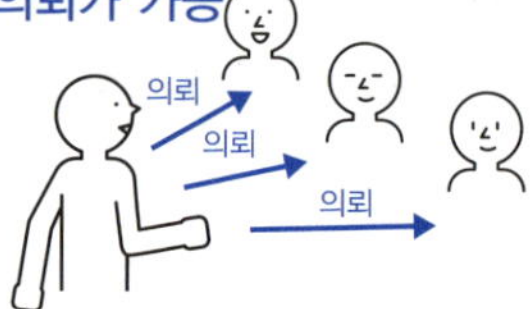

⑤ 작업 내용의 누락이 없음

작업 후반부에 부족한
자료나 업무 내용의
누락이 발생하지 않음

36 목적을 가지고 책을 정독하기

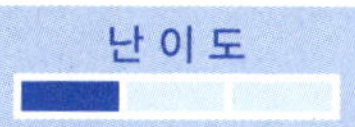

컨설턴트들은 미지의 분야에 관한 업무를 수행할 때 단기간의 개략적인 스터디를 통해 일정 수준까지 지식 수준을 급속하게 올릴 필요가 있습니다. 입력(= Input) 속도가 느리게 되면 일을 따라갈 수 없게 되는 경우도 있습니다.

예를 들어, 자료 뭉치를 전달 받은 후 내일까지 대충 읽고 요점을 정리해 놓으라는 작업 지시를 받을 수도 있습니다. 그런 경우 자료를 처음부터 꼼꼼히 읽으면 시간이 부족하게 됩니다. 그래서 효율적인 독서법이나 공부법이 요구됩니다. 관련 내용은 필자의 저서 『컨설턴트의 독서 기술』에 자세한 내용이 언급되어 있는데, 여기서는 주요 포인트만을 소개하고자 합니다.

● 독서의 목적을 좁히며 명확하게 한다.

많은 사람들은 무엇이 궁금한지 명확하게 인지하지 못한 채 무심코 책을 고르고 처음부터 끝까지 목차 순서대로 책을 읽는 경우가 많습니다. 책에는 지금 당장 필요로 하는 정보도, 그렇지 않은 정보도 무작위로 섞여 있기 때문에 분류 없이 페이지 순서대로 읽는 것입니다. 결국 자신이 무엇을 알고 싶은지, 이를 통해 어떻게 하고 싶은지, 무엇 때문에 이 책을 읽는지에 대한 '목적 의식'을 잊어버리고 있는 것입니다.

하지만 목적에 따라 책 읽는 방법은 달라집니다. 똑같은 책을 읽어도 목적이나 목적 의식이 다르면 주목할 만한 장소와 포인트가 달라지기 때문에 당연히 읽는 곳도 달라집니다. 그래서 처음부터 '이 책을 통해 무엇을 알고 싶은가?'라는 목적을 명확히 하는 것이 매우 중요합니다.

목적 달성을 위해 책을 읽는 것이기 때문에 책의 모든 부분을 꼼꼼히 읽어볼 필요가 없고, 목적에 따라 도움이 될 만한 부분만 훑어보면 충분합니다.

● 주요 부분만 읽는다.

그 다음으로 대충 목차를 훑어보고 원하는 목적과 관계가 있을 것 같은 곳에 포스트잇을 붙이거나 페이지의 귀퉁이를 접어서 표시를 합니다. 그리고 해당 부분만 대충 읽어 나가는 거죠.

또한 한 권의 책뿐만 아니라 관계가 있을 것 같은 가급적 많은 책이나 자료를 통해 폭넓게 필요한 부분을 읽어갑니다. 이러한 방법은 거의 웹사이트 검색과 흡사합니다. 웹사이트의 경우, 이렇게 개략적으로 읽는 방법을 누구나 무의식적으로 마스터하고 있을 것입니다. 그런데 책이라는 형태를 취하게 되는 순간 목적 의식이 불명확해지고, 개략적으로 읽지 못하게 되어버리는 것은 어째서일까요? 아마도 인터넷 정보와 달리 책은 직접 구매해야 한다는 점, 그리고 한 번에 한 권밖에 손에 쥘 수밖에 없다는 점과 관련이 있을 것 같습니다. 컨설턴트들이 빠른 속도로 머리에 자료를 입력할 수 있는 것은 이러한 웹 리서치적인 독서법을 취하고 있기 때문입니다. 대량의 자료를 준비하여 '검색 & 개략적 정보 입력'이라고 이해하면 될 것입니다.

● 가능한 한 많은 문헌을 읽는다.

컨설턴트는 어떤 주제에 대해 조사할 때, 쌓으면 대략 2미터 정도 되는 방대한 양의 자료를 2일에서 3일 사이에 훑어봅니다.

그 정도의 책이나 자료를 목적 의식을 가지고 '검색 & 개략적 정보 입력'이 가능해지면 웬만한 전문가와 이야기해도 대체로 포인트를 파악한 논의를 할 수 있게 됩니다. 그리고 그 주제에서 가장 중요하다고 생각하는 핵심 부분을 좀 더 전문적인 서적을 활용해서 심층적으로 읽어 나갑니다. 이를 통해 특정 분야에 대해 폭넓고 깊은 지식을 얻을 수 있게 됩니다.

☑ 책에 있는 그대로 막연하게 지식을 쌓아가는 것이 아니라, 명확한 목적 의식을 가지고 책을 읽는다.

효율 높은 독서법

● 목적을 명확하게

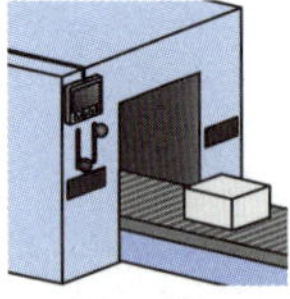

업무상 새로운 지식이
필요하게 됨

목적과 관련된
자료를 읽음

● 주요 부분만 읽음

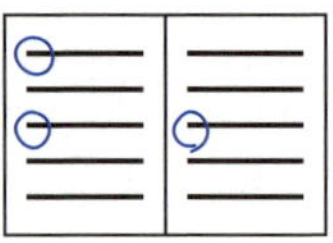

먼저, 목차를 훑어본 뒤
관계가 있을 것 같은
부분에 표시를 해 둔다

해당 부분을 빠르게
읽어 나간다

● 많은 문헌을 읽음

많은 자료를 준비한 후, 검색을
통해 필요 부분만 훑어 본다

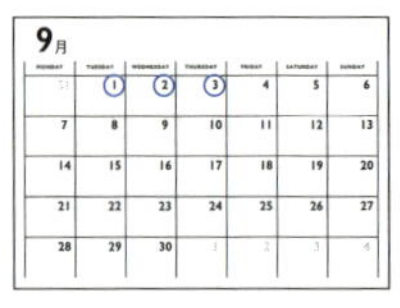

단기간에 주요 부분만
포인트를 정리해 둔다

37 중점사고를 통해 업무 속도를 2~3배로

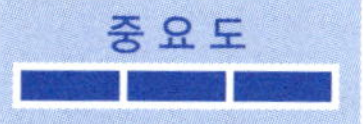

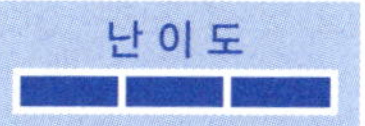

어찌되었던 컨설턴트는 업무 속도가 빠르다고 해야 할까요? 도저히 믿지 못할 정도의 경이적인 업무 처리 스피드를 보여 줍니다.

하지만 그들은 천부적으로 재능을 타고 났고, 머리 회전도 빠르기 때문에 그러한 능력을 가지게 된 것이 아닙니다. 사람들에게 주어진 시간은 24시간으로 누구나 평등하게 주어지며, 아무리 뛰어난 능력을 가진 사람이라 할지라도 10배 혹은 20배의 경이적인 스피드로 작업을 할 수 있는 것도 아닙니다.

그들은 가장 주요 부분에만 중점을 두고, 그다지 중요한 영향을 미치지 않는다고 판단되는 그 외 부분은 전부 무시해버려야 한다고 잘라 말합니다. 이런 사고방식을 '중점사고(重點思考)'라 하며, '20 대 80의 법칙'이라고도 불립니다.

"매출의 80%는 불과 20%의 고객들이 가져다 준다."

"오류의 80%는 불과 20%의 업무에서 발생한다."

"조직의 퍼포먼스는 상위 20%의 사람들의 행동들에 기인한다."

등이 그 예입니다.

즉, 그 80%의 대다수를 결정하는 20% 부분에만 주목해서 작업을 진행하는 것입니다. 20%만 검토해서 될 수만 있다면 그 스피드는 5배가 되겠죠. 혹은 똑같은 시간을 할애한다고 가정해도 20%의 주요 부분을 5배 더 세밀하게 검토할 수 있다는 얘기도 됩니다. 컨설턴트들의 프로젝트라는 것은 보통 2~3개월 정도의 단기형이 많기 때문에 과제의 대부분을 전부 검토하기엔 시간이 턱없이 부족합니다.

주요 부분에 포커스를 맞춰서 보다 심도 깊게 다뤄라

그렇기 때문에 무엇이 중요한지, 어떤 것이 더 효과적인지 재빠르게 간파한 후 그 부분만 집중하여 협의하는 방식을 취합니다.

예를 들어, 마케팅 프로젝트가 있다고 가정하면 가장 먼저 고객 조사를 진행하고, 어느 정도 동향 파악이 끝났다고 칩시다. 그 단계에서 보다 심도 깊게 알아보기 전에 클라이언트의 입장에서 현재 가장 임팩트가 있고 효과적인 주요 고객층을 1개 혹은 2개 정도로 간추립니다. 그리고 그들 그룹에 대해서 심층 분석을 진행하여 보다 심도 있는 조사를 진행하는 것입니다. 즉, 재빠르게 중요 부분을 간파한 후, 중요하지 않은 나머지 부분은 조사 대상에서 제외시킵니다. 그리고 주요 부분만을 보다 깊이 있게 다루는 것입니다.

포커스를 두고 심도 깊게 추구하기 때문에 이를 'Focus & Deep'이라고도 합니다. 덧붙이면 이 개념의 반대가 '총화적(總花的) 방식'입니다. No Focus(총화적)임에도 불구하고 디테일(세부)을 고집하게 되면 모든 안건들을 시간 내에 검토할 수 없게 되고, 결국 디테일에 집착하기 때문에 각각의 업무 내용이 제대로 검토될 수 없습니다. 결국 시간만 흘러가고 아무런 성과도 거둘 수 없게 되어버립니다.

앞서 소개한 '효율이 좋은 독서법'은 '중점사고 Focus & Deep'을 독서법에 응용한 것입니다. 목적의식을 가지고 '그 책에서 무엇을 얻고 싶은가?'를 확실히 하고, 웹사이트 검색을 통해 필요한 부분만 데이터 마이닝을 하는 방법이었습니다.

이는 반대로 말하면 필요한 부분 이외는 읽지 않으며, 다른 내용들은 전부 무시한다는 것입니다. 대신 대충 훑어본 뒤 중요하다고 생각한 부분은 재차 심도 깊이 읽어 나갑니다. 바로 'Focus & Deep'입니다.

☑ 스피드 비결은 '쓸데없는 짓을 하지 않는 것'이다.
☑ 중요한 부분에만 집중하여 논의한다.

주요 부분만을 심도 깊이 추구하는 'Focus & Deep'

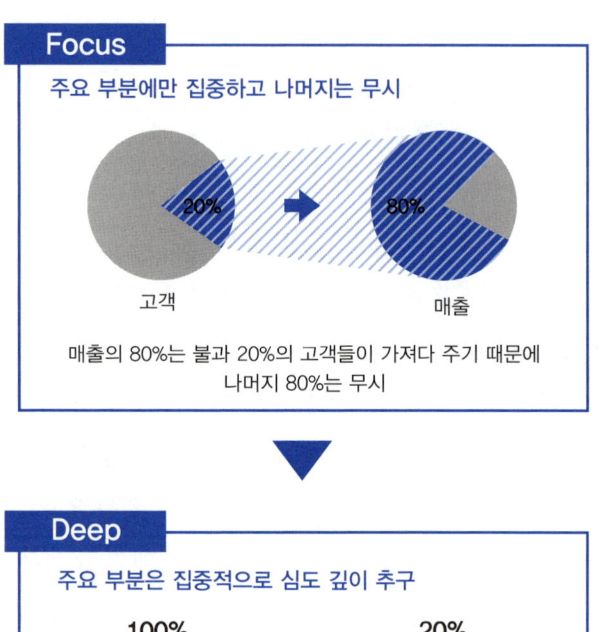

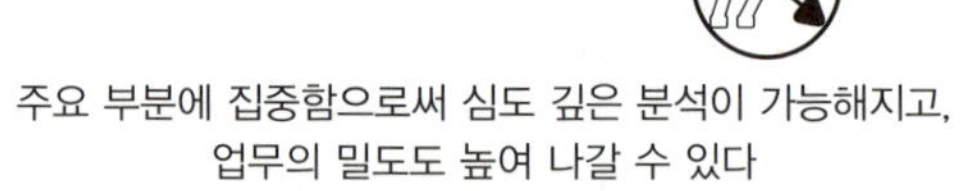

주요 부분에 집중함으로써 심도 깊은 분석이 가능해지고,
업무의 밀도도 높여 나갈 수 있다

38 버리는 기술을 연마하기

많은 사람들은 중요치 않는 기타 부분을 무시하거나 혹은 버리는 데 두려움을 느끼는 경우가 많습니다. 왜냐하면 다음의 두 가지를 못하기 때문입니다.

① 무시하고 버린다는 것에 따른 죄책감

아무리 쓸데없는 것이라도 '무시하고 버린다'는 것은 '올바르지 못하고 그릇된 일'이라 생각하는 경우가 대부분으로 그다지 좋은 인상을 주지 못합니다.

"중요하지 않은 것은 버려도 된다."

"필요 없는 일은 하지 않아도 된다."

이러한 사고방식도 필요하다는 것을 기억해 둘 필요가 있을지도 모릅니다.

② 무엇이 중요하고, 무엇이 사소한 것인지 판단이 불가능

이것이 가장 큰 문제입니다. 왜냐하면 결국 머리로 생각하지 않고 적절한 문제 설정도 되어 있지 못하기 때문입니다.

책을 읽을 때에도 목적을 분명히 하려면 자신이 무엇을 알고

싶은지 자문자답해야 합니다. 그런 자문자답을 귀찮아하면 결국 무엇이 중요하고 무엇이 사소한 것인지에 대해 나름대로의 판단을 할 수 없습니다. 결국 모르기 때문에 '전부 정리해 두자 혹은 전부 읽어 두자'는 식이 되어버립니다.

외국어의 효율적인 공부법

예를 들어, 사업 개발 컨설턴트인 아키야마 유카리 씨는 제가 인터뷰를 했을 때 업무 때문에 러시아어 공부를 하고 있었습니다. 그녀가 사용하고 있던 러시아어 단어장 같은 걸 볼 기회가 있었는데, 거기에는 1~1,000까지 번호를 매긴 단어들이 빼곡히 적혀 있었습니다.

그 번호가 무엇이냐고 물었더니 러시아어 신문이나 잡지에 적혀 있는 문장을 컴퓨터로 해석해서 가장 많이 쓰이는 단어 1,000개를 정리한 것이라 했습니다.

어떤 언어라도 자주 사용하는 1,000개 정도의 단어만 외우면 일상의 70~80%는 이해할 수 있게 된다는 것으로, 빈출 단어를 미리 1,000개 특정해버리면 나머지는 그것만 집중해서 외우면 된다는 논리였습니다. 물론 단어 암기에도 상당한 노력이 필요하겠지만 적어도 효율적인 접근 방법이라 생각되었습니다.

이것도 중점사고를 통한 공부법이라 할 수 있습니다. 아키야마 씨는 영어, 프랑스어 외에 이탈리아어, 러시아어를 이런 방식을 통해 습득했다고 합니다.

어느 부분에 집중할지, 혹은 무시하고 집중하지 말아야 할지를 결정하고 노력을 최적화하는 방법은 아래의 책에서 자세히 다루고 있습니다.

〈참고 도서〉

牧田幸裕, 『得点力を鍛える』, 東洋経済新報社

마키타 유키히로(저), 『득점력을 단련하다』, 동양경제신보사.

☑ 중요한 것은 '무엇이 중요하고 무엇이 사소한 것인지'에 대해 자신만의 판단력을 가지는 것이다. 그걸 모르면 무시하고 버릴 용기도 가질 수 없다.

무시하지 못하는 두 가지 이유

① 무시하고 버린다는 것에 따르는 죄책감

'무시하고 요령을 피운다'는 것은 '올바르지 못하고 그릇된 일'로 그다지 좋은 인상을 주지 못한다는 생각

② 무엇이 중요하고 사소한 것인지 판단이 불가능

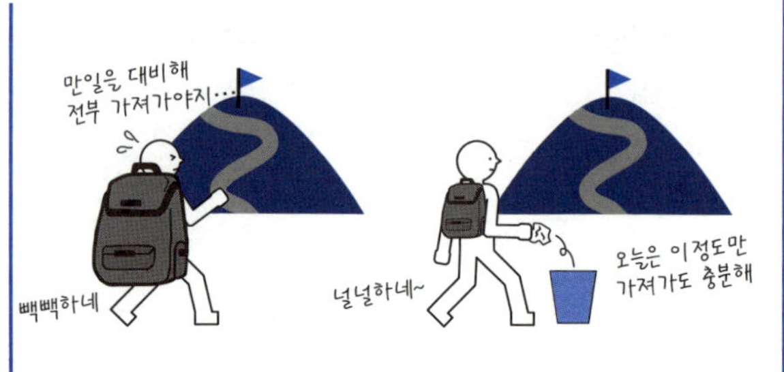

무엇이 중요하고 무엇이 사소한 것인지 스스로의 판단이 불가능

39 프로젝트 관리 툴 및 과제관리표

프로젝트 관리의 기초를 제대로 배워 두면 향후 다양한 영역에서 응용할 수 있습니다.

프로젝트 관리란 여러 사람들이 일할 때 업무 진척 상황을 관리하거나, 혹은 과제 관리 및 의사결정을 행하는 것입니다. 업무에 관련된 사람들이 많아지면 이런 것들을 제대로 관리하며 원활하게 업무를 진행시킬 필요가 있습니다. IT 개발 업무의 경우, 때로는 수백명이나 되는 사람이 관련되는 일이 있기 때문에 업무 진척을 엄밀하게 관리해 전체 업무 흐름에 정체가 없도록 하여야 합니다.

누구나 쉽게 할 수 있고, 많은 도움이 되는 프로젝트 관리 포맷이 있습니다. 바로 '과제관리표'입니다. 과제관리표란 엑셀에 프로젝트 진행상의 과제를 리스트업하여 관계자가 진척 상황을 상호 확인하는 표를 말합니다. 기본 서식을 기억해 두면 다양한 상황이나 분야에서 커스터마이징하여 사용할 수 있기 때문에 많은 도움이 될 것입니다.

특히, 여러 관계자가 뒤엉켜 있고 게다가 각자의 업무 장소가 다를 경우에 있어 전체 상황을 제대로 정리해 두지 않으면 인식에 차이가 생겨 업무에 혼란을 초래할 수도 있습니다. 이에 과제관리표를 사용함으로써 과제를 정리하고 관계자들 간의 인식을 일치시킵니다.

과제관리표의 구체적인 작성 방법

구체적으로는 다음과 같은 것들이 최소한으로 과제관리표에 열거되어야 할 항목들입니다. 번호나 날짜, 카테고리, 과제의 내용, 대응 방침 및 결과, 상황, 담당자, 기한입니다. 엑셀을 사용하여 이러한 항목을 가로에 기재하고, 과제는 세로로 번호를 매겨 정렬합니다(그림 참조). 과제관리표를 유용하게 만들기 위해서는 다음과 같은 세 가지 주요 철칙이 있습니다.

① 담당자 : 누가 담당할 것인가?

② 기한 : 언제까지 끝낼 것인가?

③ 방향성 : 그 과제를 해결하기 위해서 어떻게 대처할 것인가?

특히 세 번째가 중요합니다. 예를 들어 '분류 부분(타이틀)'이라면 방침 란에는 '각자 타이틀 안을 5개 내고, 다음 회의에서 논의할 예정'과 같이 해결의 방향성을 기입합니다. 기재 요령은 애매하고 모호한 표현은 절대 사용하지 말아야 합니다.

예를 들어, 대응 방침 부분의 기재가 '다음 주까지 노력한다'거나 '선처한다'거나 하는 내용의 것은 안 됩니다. 이 부분이 애매해지면 결국 다음 주가 되어도 여전히 과제는 해결되지 않은 상태로 남아 있을 것입니다.

'달성 가능한 목표'라는 부분의 경우, 실제 눈에 보일 수 있는 가시화된 형태로 달성 이미지가 떠오를 수 있도록 목표를 설정하여야 합니다. 그러기 위해서는 다음과 같이 표현 방법을 주의할 필요가 있습니다.

- '추가적인 기획을 구상한다'라는 표현이 아니라 '기획안 3개를 준비한다'와 같이 구체적인 숫자를 사용합니다.
- '녹음된 음성의 텍스트화 작업'이라면 '어찌되었던 텍스트화된 기초안을 준비한다'와 같이 성과물의 수준을 명시하여야 합니다.

그리고 이 표를 업데이트하고 관리하는 것이 '진척 상황 미팅'입니다. 이렇게 작성된 과제관리표는 그 자체로 진척 상황 미팅의 과제(협의 내용)가 됩니다.

☑ 과제관리표는 과제를 공유하고 역할을 정하며 기한을 설정하고 진행해야 하는 가장 간단한 프로젝트 관리 도구이다.

간단한 과제관리표 이미지

No.	분류	과제	대응방침	대응결과	담당자	상태	기한
1	강연 녹화	강연 일부의 녹음파일이 없음 (Q&A에 들어가면서)	다른 사람의 녹음이 있는지 확인. 출판사나 행사 관계자에게 문의	조사 결과 녹음파일을 확보하지 못했기 때문에 Q&A 부분은 주변사람들에게 물어가며 기록을 남김	A	완료	9/14
2	Q&A 부분 기록	Q&A 질문 작성	B씨가 기억을 더듬어 가며 적절한 Q&A 15개를 작성. 그중에서 10개를 선별하여 새로운 원고로 작성	완료	C	완료	9/20
3	Q&A 부분 기록	Q5 회답부분에서 G씨의 답변이 누락	—	이 질문의 경우 G씨의 답변이 없어도 괜찮다는 답변을 얻음	A	완료	10/15
4	타이틀	타이틀안 제시	각자 타이틀안 5개를 제시하고, 다음 회의에서 협의 예정		A,B	작성중	10/20
5	표지 이미지	이미지를 디자이너에게 전달할 필요가 있음	비슷한 이미지의 디자인 표지를 F씨가 제안하여, 디자이너에게 송부		G	작성중	10/20

숫자를 사용하여, 성과물의 수준을 명시함으로써, 모호하고 애매한 부분을 남기지 않음

제 4 장

프로페셔널 비즈니스 마인드

제4장

프로페셔널 비즈니스 마인드

40 가치를 창출하라

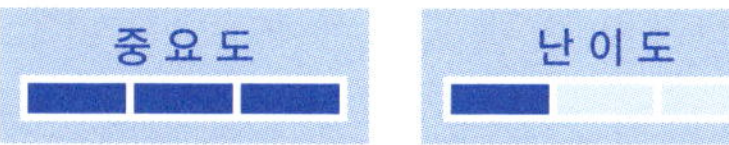

컨설턴트가 자주 사용하는 표현 중 하나로 '가치 창출'이라는 것이 있습니다. 여기에서 가치란 부가가치를 의미합니다. 이는 '상대방에 대한 공헌'입니다. 타인에 대한 공헌으로 상대방이 그 행위의 가치를 인정해줌으로써 비로소 그 일에는 가치가 발생됩니다. 여기서 중요한 점은 어디까지나 평가 주체는 상대방이라는 점입니다. 그것의 가치를 결정하는 것은 제공자인 자신이 아니라 상대입니다.

"당신의 작업에 가치가 있다고 생각하는가?"라는 질문에는 "당신이 하고 있는 업무는 단순 작업이 아니라 클라이언트들의 문제를 해결하는 데 도움이 되는 것인가?"라는 의미가 포함되어 있습니다. 이러한 질문에 언제나 스스로에게 자문자답할 수 있어야 합니다. 클라이언트들이 그 가치를 인정해주지 않으면 당신이 아무리 공들여 노력한다 할지라도 그것은 단순한 자기만족에 불과합니다. 즉, 그 일에는 더 이상 가치가 존재하지 않는다는 것입니다.

가치 창출이라 하면 엄청나게 대단한 것을 생각하기 쉬운데 절대 그렇지 않습니다. 능력이 부족하다면 남들보다 많은 시간을 할애하여 할 수 있는 한 열심히 최선의 업무를 해내면 됩니다. 이러한 상황에서 그 시점(視點)이 기여해야 할 클라이언트들을 향해 있다면 당신의 일에는 가치가 있다고 말할 수 있습니다. 컨설턴트라는 직업을 타인에게 조금이나마 공헌할 수 있어야 한다는 사명감을 가지고 임한다면 그 자체만으로 충분히 소질을 가지고 있다고 말할 수 있습니다.

사회인이 되면 그때부터 소비자가 아닌 생산자

사회인이 되면 사물의 시점이 자신이 아닌 타인이 됩니다. 상대방이 원하는 일, 상대방이 기대하게 하는 것, 즉 기대에 부응하는 그 자체가 일이 됩니다. 내가 무엇을 하고 싶은지가 아니라 상대방이 무엇을 원하는지, 어떻게 하면 상대방을 만족시킬 것인지를 생각해야 합니다.

이러한 입장의 차이는 '소비자'와 '생산자'의 차이입니다. 학생은 소비자로서 돈을 지불하는 입장이기 때문에 대학 수업이나 동아리 활동들도 모두 소비에 해당됩니다. 그러한 활동들을 통해서 자신의 만족을 추구한다는 넓은 의미에서의 소비 활동인 것입니다. 금전적 가치를 지불하기 때문에 자신이 생각한 기대치를 벗어나게 되면 더 이상 구매하지 않게 되며, 이는 불만으로 이어집니다.

이처럼 회사에 입사한 후에도 "회사가 ○○를 해주지 않는다"라는 불만만 얘기하며 소비자인 상태로 남아있는 사람이 종종 있습니다. 사회인이 된 이상 소비자의 지위를 내려놓아야 합니다. 또한 회사의 입장에서 보면 그 사람은 회사의 고객도 아닌 것이 됩니다. 왜냐하면 오히려 돈을 지불하는 사람은 회사측이기 때문입니다.

소비자라는 의식을 벗어버리지 않는 한 회사에 대한 불만만 쌓여가고 자신의 기대치와의 차이를 실감하게 됩니다. 그 후 보다 나은 상품이 없는지(轉職), 소비자의 시선으로 물색하게 되는 것이죠. 그러나 본래 당신은 소비자가 아닌 생산자임을 잊고 있는 것은 아닌지 생각해 봐야 합니다.

회사에 입사한 한 사람의 프로로서 당신이 수행해야 할 역할은 회사에 대한 공헌이며, 더불어 회사의 상품이나 서비스를 구매해 주는 소비자와 거래처를 만족시켜야 하는 것임을 명심해야 합니다.

그리고 당신이 속해 있는 곳이 컨설팅 회사라면 더욱더 해당 클라이언트 기업이 개혁을 진행하여 경영 쇄신을 성공리에 이룰 수 있도록 지원하는 것이 최종 목표입니다. 그 이외의 것은 전혀 신경을 쓸 필요가 없습니다.

☑ Value는 부가가치를 의미한다.

☑ 생산자로서 수행해야 할 역할은 회사나 소비자, 그리고 거래처에 공헌하는 것이다.

학생과 사회인의 차이

	학생 = 소비자	사회인 = 생산자
공부	자신의 능력을 향상시키기 위한 공부	업무에 도움을 주기 위한 공부
노래	자신이 원하는 노래를 마음대로 부를 수 있음	청중이 만족할 만한 최고 수준의 노래를 제공해야 함
입장 차이	수동적 입장. 상대가 무언가를 해 주길 기대함	상대에게 공헌할 수 있는 것을 제공하여 만족시켜야 함

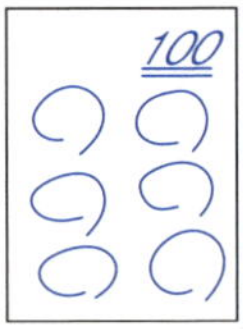

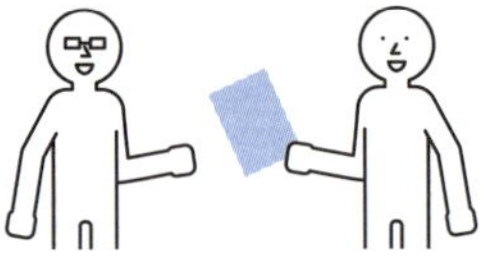

차변(Debit)	계정내용	대변(Credit)
210,000	△△△△	
120,000	□□□□	
	□△□△	90,000
	△□△□	240,000

사회인의 목표는 타인에게 공헌하는 것

41 발언할 생각이 없다면 회의에 참석하지 말아라

회의에서 발언하지 않는 사람의 가치는 제로입니다. 이것이 컨설팅 회사의 가치관입니다.

그러나 일본의 전통적인 회사의 경우, 특히 젊은 사람이 회의에서 발언하려 하지 않는 모습은 아주 흔한 일입니다. 대부분의 사람들은 말없이 가끔 고개를 끄덕일 뿐 의견을 구할 때까지는 아무런 말도 하지 않습니다. 하지만 끝까지 고개만 끄덕이고 있다면 그 사람의 가치는 제로입니다.

저는 컨설턴트 1년차에 참석한 회의에서 두 가지 이유로 발언을 할 수 없었습니다. 첫 번째는 처음이라 너무 긴장했던 나머지 어떤 말을 해야 할지 몰랐기 때문입니다. 두 번째는 제대로 자기 의견을 낼 수 있는 준비가 안 되었기 때문입니다. 이렇게 회의가 끝난 후 매니저가 조용히 저를 호출했습니다.

"오오이시 씨, 대체 당신이 회의에 출석한 의미는 무엇이라 생각합니까? 아무런 의견도 내지 않을거라면 다음 회의부터 나오지 않아도 되니까 별도로 리서치 작업이나 계속 하세요."

이것은 저에게 큰 충격으로 다가왔습니다. 단적으로 말하면 "당신이 더 이상 필요 없다"는 말과 다름 없었으니까요. 무엇보다 충격적이었던 것은 발언하지 않는 사람은 있을 필요가 없다는 말이었습니다. 그런 말을 들을 줄은 상상조차 못했기 때문입니다. 원래부터 배려에 대한 문화가 전혀 없는 조직이라는 것은 진작부터 알고 있었지만, 직접 그런 말을 들으니 뼈저린 기억은 꽤 오랫동안 마음 한 켠에 남았습니다.

그러나 세월이 흘러보니 발언을 하지 않는 사람은 아무런 가치도 창출할 수 없다는 것을 깨닫게 되었습니다. 오히려 쓸데없는 말이라 할지라도 자신의 생각을 쥐어짜내 뭔가를 말하는 편이 더 나은 것으로, 침묵은 조직의 입장에서 보면 아무런 가치가 없는 것입니다.

회사 입장에서 보면 회의에 출석하는 것도 비용으로 간주

회의란 의례적인 행사가 아닌 실제로 뭔가를 진행하기 위해 만들어진 팀워크 활동입니다. 그러한 팀워크에서 어떤 사람이 아무 것도 하지 않은 채 아무런 아이디어와 의견도 내 놓지 않는다면 그 회의에 아무런 공헌도 하지 않는 것과 다름 없습니다.

이러한 태도는 윗사람이나 동료에 대한 '배려'로 여겨지는 것이 아니라 팀에 공헌할 의사가 없다는 것으로 간주됩니다. 이 정도라면 뭐 봐줄 만하겠지만, 공헌 가능한 스킬과 지식을 가지고 있지 못한 무능력한 사람이라고 간주될 가능성도 큽니다. 단순히 말하자면 '무능'하다고 여겨지는 것입니다. 회의에 참석하여 아무런 발언을 하지 않아도 그 사람에 대한 인건비는 발생하기 마련입니다. 컨설턴트는 클라이언트가 비용을 지불하고 고용하는 직업입니다. 컨설턴트들의 시간당 인건비가 10만원이라고 가정해 봅시다. 만약 한 시간이 걸리는 회의에 아무런 의견도 제시하지 못하고 있는 컨설턴트가 있더라도 회사측은 고스란히 10만원의 인건비를 부담하게 됩니다.

사내 회의일 경우에는 이러한 비용 계산법이 익숙하지 않을 수 있겠지만, 컨설턴트의 경우 시간당 단가에 비해 그에 걸맞는 업무를 수행하고 있는지 항상 관리 감독을 받고 있습니다. 때문에 회의 하나만 하더라도 적극적으로 임하지 않으면 질책을 받게 됩니다.

컨설턴트 1년차는 '윤리 사고' 등의 스킬을 몸에 익히는 시기입니다. 그러나 이보다 더 중요한 것은 '프로페셔널 마인드'를 철저하게 훈련 받는 시기이기도 합니다. 이러한 마인드는 시간이 흘러도 변하지 않는 것으로, 한번 몸에 익히면 평생 활용할 수 있는 귀중한 스킬입니다.

☑ 회의에서 아무런 의견도 내지 못하는 사람은 어떠한 가치도 창출할 수 없다.

☑ 회의는 업무 진행을 위한 팀워크 작업이다.

회의에서 아무런 발언도 하지 않는 사람은 가치가 '제로'

회의란 어떤 업무를 진행시키기 위한
팀워크 작업

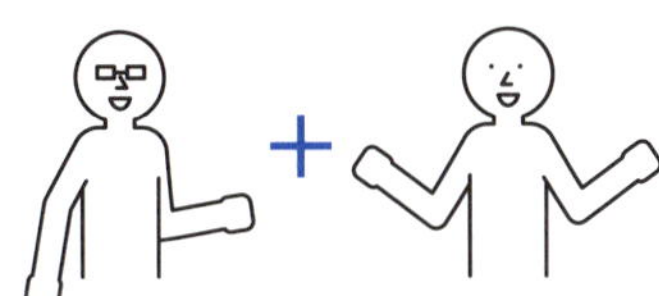

아무런 발언을 하지 않는다는 것은
팀에 공헌할 생각이 전혀 없다는 방증

아무런 발언도 하지 않으려는 사람의 가치는 '제로'

**회의에서 발언하지 않는 사람은
프로페셔널 마인드가 결여된 사람**

42 '시간은 금'이라는 점을 재인식하라

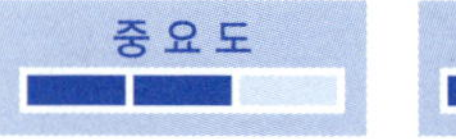

제가 두 번째 프로젝트에 배속되어 클라이언트의 사무실 내에서 프로젝트를 수행하고 있을 때의 일입니다. 클라이언트가 평소에 일하는 똑같은 층에 우리 팀원들의 책상을 나란히 놓고 함께 일을 하고 있었습니다. 즉, 상주하는 컨설턴트 팀의 일거수일투족이 클라이언트로부터 훤히 보여지는 업무 환경이었습니다.

이때 저는 마실 것을 구입해서 라운지에서 휴식을 취하고 있었습니다. 클라이언트 회사 직원들도 저희들과 같은 공간에서 휴식을 취하고 담배를 피우곤 했습니다. 여기서 저는 너무 편안한 나머지 동기 컨설턴트들과 오랫동안 잡담을 나누고 말았습니다. 이런 일이 있은 후 프로젝트 매니저는 저를 조용히 호출하여 타이르듯이 다음과 같이 말했습니다.

"오오이시 씨, 일하는 동안 잠시 쉬는 것은 아무런 문제가 없지만, 가능하면 휴식 시간을 정하고 프로다운 태도로 휴식을 취해 주었으면 합니다."

어떻게 보면 너무나 당연한 지적이었습니다. 적당히 짧은 휴식 시간을 가지거나, 가급적 잡담을 삼가하는 것은 업무 매너에 해당됩니다. 그러나 그 지적의 이유가 당시의 저로서는 좀처럼 이해하기 어려웠던 것도 사실입니다.

"오오이시 씨, 그것은 매너가 아니라 비용에 대한 얘기입니다. 우리들이 클라이언트들에게 청구하는 금액이 어느 정도인지 알고 있습니까? 오오이시 씨도 비록 1년차 신입이지만 한 사람의 컨설턴트로서 인건비를 청구하고 있습니다. 대충 시간당으로 계산하면 10만원 정도 되겠네요. 20분을 쓸데없는 잡담으로 허비한다면 그들의 입장에서 보면 약 3만원 정도의 추가 비용을 부담하는 것이라 생각할지 모릅니다. 고객들은 부담하는 비용들이 어떻게 사용되는지도 눈여겨 봅니다. 그렇기 때문에 앞으로 프로다운 모습을 보여주길 바랍니다."

저는 큰 충격을 받았습니다. 시간당 10만원이라는 금액을 듣고 정말 많이 놀랐습니다. 그 정도로 많은 비용을 클라이언트들에게 청구하고 있다는 것을 1년차인 저는 전혀 모르고 있었기 때문입니다. 우리들의 입장에서 보면 잠시 쉬는 것처럼 보여도 클라이언트들의 입장에서 보면 저의 잡담 비용으로 3만원을 부담하고 있는 꼴이 됩니다.

이제까지 '시간이 중요하다'고 아무리 말해도 잘 이해되지 않았던 부분들이 금액으로 환산한 설명을 들으니 충분한 납득이 되었습니다. 그 이후 물론 휴식시간은 가지지만, 주위를 신경쓰면서 가능한 한 잡담도 절제하게 되었습니다. 매니저의 말 한마디에 '비용'이라는 개념이 뇌리에 정확하게 각인된 사건이었습니다.

신입이라 할지라도 언제나 프로의 입장에서 업무를 대하라

경영자는 종업원에게 비용을 지불합니다. 경영자의 입장에서 볼 때 종업원들의 시간은 돈 그 자체입니다. 물론 그들이 편하게 일할 수 있도록 업무 환경을 정비한다던지, 업무의 효율을 높일 수 있도록 관련 시스템을 구비하는 것도 경영자의 임무입니다. 그럼에도 불구하고 종업원들은 회사의 업무시간 중에는 가급적 '시간이 비용'이라는 점을 인식하고 업무에 임해야 합니다. 비용이라는 인식을 가진다는 것은 "쓸데없는 일은 하지 말라"는 의미가 아닙니다. 가끔은 시행착오를 거듭하면서 쓸데없는 업무도 필요해지기 마련입니다.

중요한 것은 최소한 자신이 프로로서 의식을 가지고 업무에 임해야 한다는 점입니다. 즉, 효율이 나쁘더라도 현재의 스킬로 최선의 노력을 다해야 합니다. 자신의 시간에 대한 감각이 프로로서 적절한 것인지 등등 항상 자기관리를 행해야 합니다.

☑ 클라이언트나 경영자가 보는 관점에서 직원의 시간은 돈 그 자체이다.

☑ 스킬이 부족할 순 있겠지만 프로로서 최선의 노력을 다하라.

'시간은 돈'이라는 점을 정확하게 인식하라

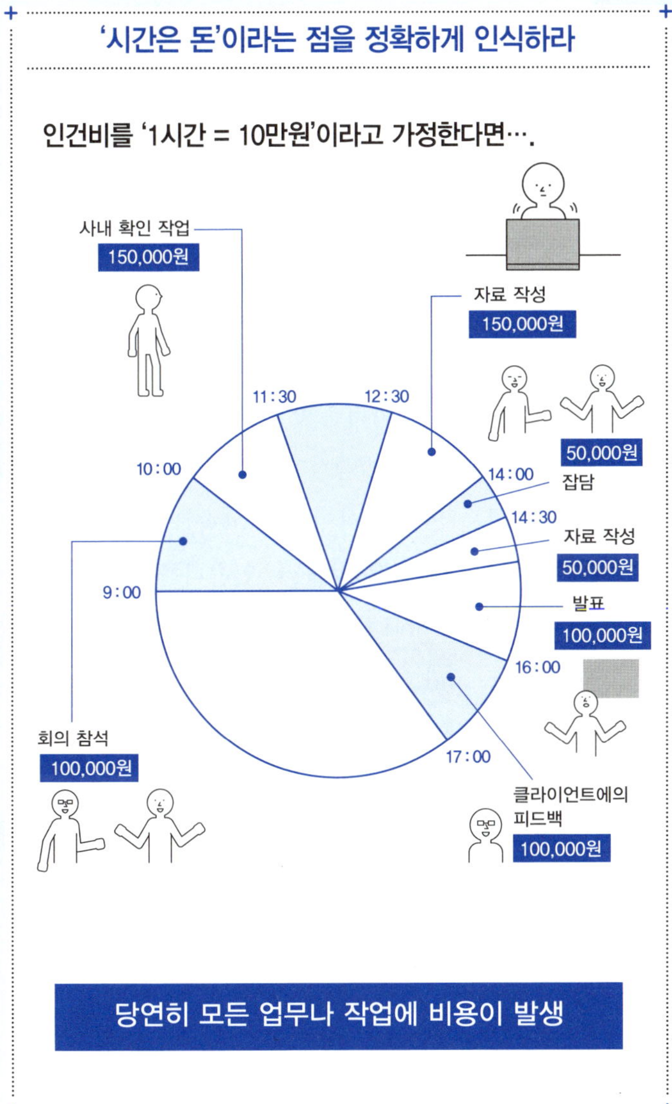

당연히 모든 업무나 작업에 비용이 발생

43 스피드와 품질, 둘 다 양립해야 한다

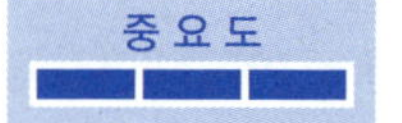

"고품질의 결과물을 얻기 위해서는 가급적 많은 시간을 들여야 한다."

이는 제가 컨설턴트가 되자마자 배운 것인데요, 적어도 업무적인 측면에서만 보면 이러한 말은 솔직히 전부 거짓입니다. 오히려 빠른 단계에서 개략적인 산출물을 예상하고, 그것들을 개량해 나가는 PDCA 사이클을 고속으로 돌리는 편이 단시간에 고품질의 결과물을 얻을 수 있습니다.

중요한 것은 'Quick and Dirty'를 명심하는 것입니다. 당연히 반대말은 'Slow and Beauty'이겠죠.

'Quick and Dirty'를 직역하면 '빠르고, 더럽게'라는 정도가 됩니다.

시간을 들여 완벽한 것을 목표로 하는 것보다, 다소 엉성하고 더럽더라도 상관없기 때문에 어쨌든 빨리 형태를 만들어가는 것에 초점을 맞춰야 한다는 것입니다. 결과물이 다소 나쁘더라도 빨리 마무리하는 편이 더 좋다는 의미가 됩니다.

이 중요성을 제 동기인 마키타 씨의 신인 시절 실패담을 통해 설명하겠습니다. 그는 매니저로부터 제약회사에 관련된 리서치를 의뢰 받았습니다. 그는 리서치 회사에 부탁하면 관련 사례는 얼마든지 얻을 수 있다고 생각했습니다. 그러나 다음날 아침 리서치 회사로부터 그에게 전달된 것은 관련 기사 한 장뿐이었습니다. 어떻게 보면 여기까지는 신입사원들에게는 아주 흔한 실수이겠죠. 하지만 그는 무능력한 사람으로 낙인 찍히는 것이 싫어서 계속 관련 자료들을 찾아보기로 했습니다.

서점에 가면 뭔가 자료가 있을 것 같아 서점에 가서 하루 종일 매달려도 결국 아무것도 찾을 수 없었다고 합니다. 그때 매니저로부터 전화가 왔습니다. 하지만 이러한 상황을 말할 수 있을 리도 만무했고, 결국 전화를 받지도 않았습니다. 그리고 시간만이 정처없이 흘러갔습니다.

한편, 시간이 지남에 따라 매니저의 기대치는 점차 높아져만 갔을 겁니다. 그만큼 시간을 들였으니 분명 좋은 결과가 나올 것이라 믿었던 것이죠.

"이틀이나 됐는데 진척 상황은 어떻게 되어 가나요?"

"죄송합니다. 2일간 조사를 해 보았는데, 제 능력으로는 역부족이라는 것을 알았습니다."

매니저는 거품을 물며 쓰러질 뻔했다고 합니다. 그 후 호되게 야단을 맞았음은 말할 필요가 없겠지요.

빠른 상황 보고로 경로 수정을 하라

여기에서 중요한 것은 원활한 조사가 이루어지지 못했다는 이유로 야단을 맞았다는 것이 아니라는 점입니다. 하룻밤 동안 조사해 보았는데도 아무런 자료도 찾지 못했다면 그 시점에서 그 상황을 매니저에게 보고를 했어야 했습니다. 아무런 자료를 찾지 못했다는 것은, 즉 '발표된 신문기사나 관련 리포트에는 찾으려 하는 제약 관련 데이터가 없을 가능성이 높다'는 새로운 발견입니다.

만약 그가 그 시점에 "일본경제신문 기사를 3시간에 걸쳐서 조사해 보았지만 아무런 것도 나오지 않았습니다. 리서치 회사에도 관련 자료를 요청해 보았지만 그다지 도움이 될 만한 자료가 없었습니다. 때문에 제약회사의 OB에게 자문을 구한다거나, 아니면 의사나 약국에 인터뷰 조사를 병행하는 등 조사 방향성을 바꾸는 편이 나을 수도 있을 것 같습니다"라고 보고를 하였다면 어땠을까요?

매니저는 결코 화를 내지 않았을 것입니다. 어찌 보면 곤란한 상황에 처해진 것은 똑같은 사실이지만, 2일이나 조사를 하였는데도 불구하고 결국 아무것도 찾지 못했다는 리스크는 피할 수 있었을 것입니다. 3시간 조사를 해 본 시점에서 현재의 조사 방법으로는 힘들다고 판단되기 때문에 접근 방법을 바꿀 필요가 있다는 경로 수정이 가능했을테니까요.

많은 시간을 소비하며 100점을 지향하는 것보다 첫 스타트를 빨리하여 개략적이라도 괜찮으니 어느 정도 해답을 좁혀 나가는 편이 더 나을 수 있습니다. 이것이 'Quick and Dirty' 입니다.

☑ 빠르고, 더럽게. 완벽하지 않아도 괜찮으니 일단 답안을 내 놓자.

☑ 아무것도 나오지 않았다는 것 자체만으로도 큰 발견이다.

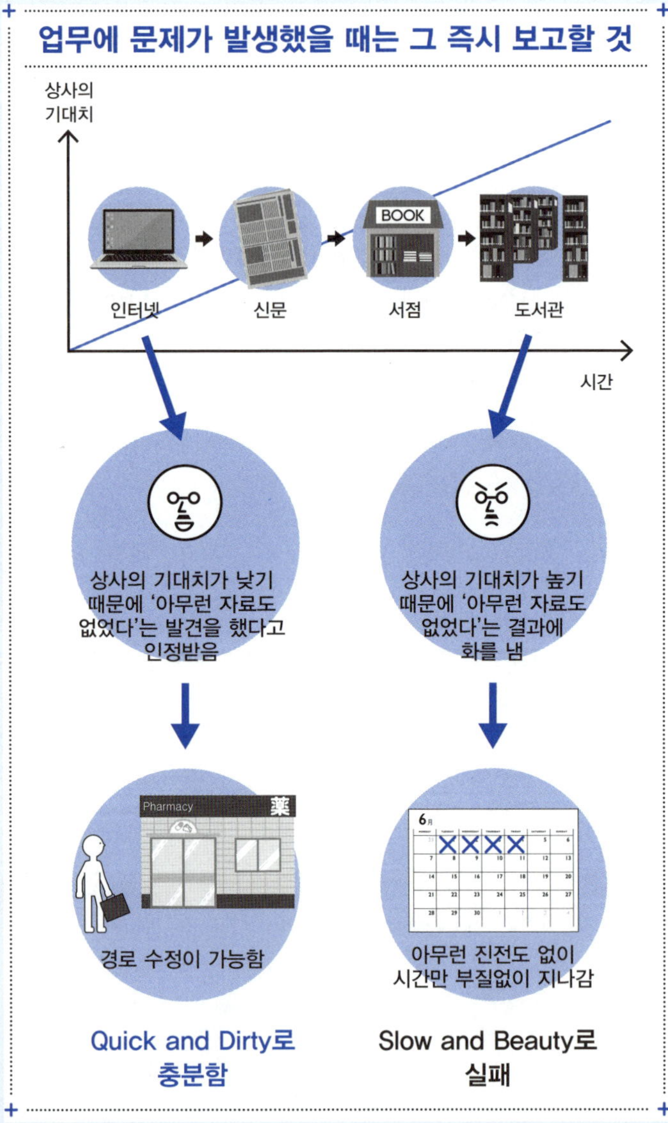
업무에 문제가 발생했을 때는 그 즉시 보고할 것
상사의
기대치
BOOK
인터넷
신문
서점
도서관
시간
상사의 기대치가 낮기 때문에 '아무런 자료도 없었다'는 발견을 했다고 인정받음
상사의 기대치가 높기 때문에 '아무런 자료도 없었다'는 결과에 화를 냄
Pharmacy
藥
경로 수정이 가능함
6月
아무런 진전도 없이 시간만 부질없이 지나감
Quick and Dirty로 충분함
Slow and Beauty로 실패

44 시간을 끌지 말고 먼저 큰 틀에서의 방향성을 결정하라

중요도
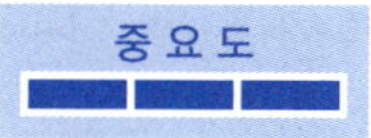
난이도

다음의 두 가지 점에서 'Slow and Beauty'보다 'Quick and Dirty'가 더 큰 설득력을 가집니다.

하나는 '시간 문제'입니다. 사실 0점에서 90점까지 완성하는 데 걸린 시간과 90점에서 99점에 이르는 데 걸리는 시간은 같다고 합니다. 그리고 99점에서 100점으로 가기 위해서는 더 많은 시간이 필요합니다. 시간을 들인 것에 비해 정확도가 현저히 오르지 않게 되는 것입니다. 이는 벨 연구소의 Tom Cargill이 제창한 것인데요. 90점에서 100점으로 가는 길이 0점에서 90점으로 가는 것과 같은 노력이 필요하다는 의미에서 '90 대 90의 법칙'이라고 명명되었습니다.

그러니까 90점인 곳에서 일단 멈춰 둔다는 것입니다. 혹은 60점 정도라도 괜찮습니다. 60점으로는 너무 부족해서 아무런 쓸모가 없는 것이 아닐까라고 생각하실지도 모르겠습니다. 물론 최종 성과물이 60점이면 곤란합니다. 그러나 큰 틀의 방향성을 결정하는 데는 그 60점만으로도 충분합니다.

좀 전에 예를 든 제약 관련 리서치 사례의 경우, 신문과 잡지를 먼저 리서치 한 후에 문헌을 조사하고 국회도서관에 가서 100점을 목표로 리서치를 하였지만 성과는 제로였습니다. 왜냐하면 그 접근 방식 자체가 잘못되었기 때문입니다. 초기 단계에서 접근 방식 자체 즉, 경로를 수정해야만 했습니다.

아무것도 모를 때 가장 먼저 파악해야 하는 것은 조사의 개략적인 방향성입니다.

"문헌조사로 가능할 것인가? 아니면 제약 관련에 정통한 약사나 의사에게 직접 물어야 할 것인가?"

사실 가장 먼저 결단을 내려야 할 곳은 그 부분이었습니다. 대충 문헌을 찾아본 뒤 원하는 결과를 얻지 못했다는 것은 60점의 결과일지 모르지만, 큰 방향성을 얻을 수 있는 단서로서는 그것만으로도 충분한 내용이었습니다.

아무런 정보도 없이 동쪽으로 갈지 서쪽으로 갈지 고민하고 있을 때, 몇 개월에 걸쳐 노력한 뒤의 85.3°의 정확한 방향으로 가라고 하는 100점에 가까운 해답을 구할 필요는 없습니다.

그보다 더 도움이 되는 것은 '서쪽은 아마도 아닐 것이다'라는 결론을 3시간 만에 내는 것입니다. 그리고 동쪽으로 좀 가보고 다른 정보가 생기면 다시 방향을 잡아가면 됩니다. 중요한 것은 가설 검증의 사이클을 고속으로 돌린다는 점입니다.

그러기 위해서라도 어쨌든 엉성해도 괜찮으니 대략적인 답을 찾는 것을 최우선으로 해야 합니다. 대략적인 대답에

'YES'나 'NO'가 나오면 정밀도를 높이는 작업은 추후로 미루고, 그 다음 단계로 빨리 나아가는 편이 더 좋은 결과로 이어진다는 말입니다.

한 사람의 팀 구성원으로서 리스크는 발빠르게 공유한다

두 번째는 리스크 통제의 시점입니다. 마감 시간에 임박하여 조사 방향과 조사 방법이 잘못되어 있었다면 모든 것이 헛수고로 돌아가 버립니다.

조사 방향이 틀렸다 할지라도 신속하게 팀원들이 협력해 나간다면 방향 수정이 가능해지지만, 프로젝트 마감 시간에 이러한 실수를 발견하게 된다면 큰일입니다. 때문에 최대한 신속히 방향성을 제시한 뒤 일단 부딪쳐 보는 수밖에 없습니다. 이렇게 부딪쳐 보는 것이 'Quick and Dirty'라는 업무 스킬입니다.

앞선 사례의 마키타 씨는 아래와 같은 조언을 해 주었습니다.

"대부분의 사람들은 팀으로 움직입니다. 팀에 있어서 하나의 일원이 리스크를 전부 짊어지려고 하지 말아야 합니다. 또한 리스크는 최대한 신속하게 함께 공유해 나가는 것이 오히려 상대에 대한 배려라고 생각합니다."

자신이 완벽하다고 자부하면서 시간이 걸리더라도 100점을 따려고 하는 것보다 먼저 방향성이 맞는지를 신속하게 확인하고 재빠르게 팀원들과 협의하여야 합니다. 이것은 '보연상(보고, 연락, 상담)'의 기본이기도 합니다.

☑ Quick and Dirty로 빠른 방향성을 설정하고, PDCA 사이클을 고속으로 돌린다.
☑ 리스크는 신속하게 팀원들과 공유하는 것이 팀 구성원으로서의 책무이다.

PDCA 사이클을 고속으로 돌린다

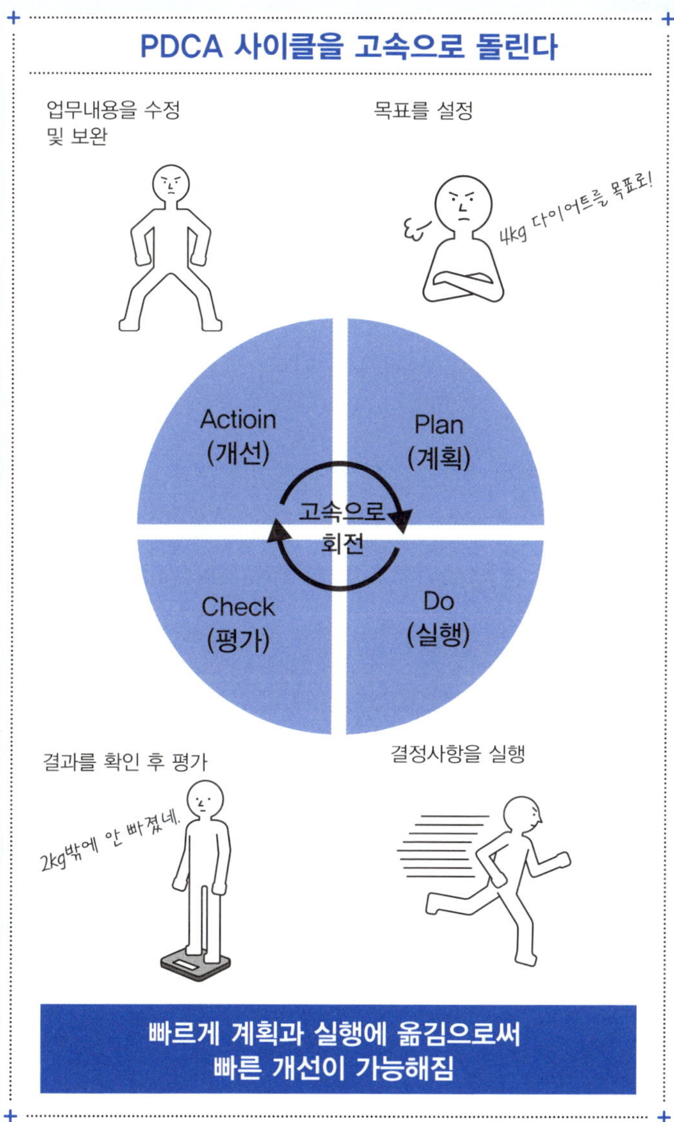

빠르게 계획과 실행에 옮김으로써 빠른 개선이 가능해짐

45 '커미트먼트(commitment)'력 배우기

일에 대한 커미트먼트(commitment)[1]는 '약속한 것을 반드시 해내는 것'입니다. 그리고 약속한 것 이상의 결과를 나타내면 클라이언트는 당신을 신뢰하게 되며, 그것은 후속 프로젝트를 수주할 기회로 이어집니다.

컨설턴트에게는 항상 높은 커미트먼트가 요구됩니다. 그러나 그들도 학창 시절부터 무엇이든 강하게 전념하거나 몰입할 커미트먼트력을 가지고 있었던 것은 아닙니다.

다누마 씨는 컨설턴트에서 정치가인 중의원 의원으로 된 사람입니다. 다누마 씨는 컨설팅 1년차에 배운 커미트먼트력이 지금도 많은 도움이 되고 있다고 말합니다.

어느 날 그는 1년차 선배인 컨설턴트와 2명으로 팀을 이뤄 다음날 클라이언트와의 회의에 사용할 자료를 작성하고 있었습니다. 하지만 전날 밤인데도 불구하고 전혀 자료는 준비되지 않고 있었습니다.

---

1 Commitment는 약속, 전념, 몰입, 헌신, 약속(한 일), 책무 등 다양한 의무로 해석되는데 본서에는 커미트먼트 단어를 그대로 사용했습니다. (역자 주)

회의는 다음날입니다. 이런 경우 보통이라면 클라이언트에게 부탁해 조금 더 시간적 여유를 받을 수도 있었을 것입니다. 스케줄에 무리가 있었다고 말하면 상대방도 이해해 줄지도 모릅니다.

그러나 선배 컨설턴트는 밤새워 일하는 편을 선택했습니다. 자료 작성이 안 된 이유에 대해 시간 부족이 아닌 자신들의 능력 부족이라고 생각한 것입니다. 약속한 자료를 정해진 일정 안에 완성할 수 있다고 말한 것은 바로 자신들이기 때문입니다. 한번 약속한 것은 반드시 지키지 않으면 안 된다며, 타누마 씨조차도 철야 작업을 함께 하는 길을 택했습니다.

밤샘 작업을 통해 자료 작성이 끝난 다음날 아침이 되어서야 30장 분량의 PPT 자료가 완성되어 있었습니다. 아침 일찍 매니저에게 보고하고 검토를 받은 결과, "기대치에는 미치지 못했지만 시간 내에 제안서를 완성한 부분은 인정한다"며 격려의 말을 들을 수 있었다고 합니다.

이 사례에서 알 수 있는 것은 매니저가 단지 노력하는 모습을 높게 평가한 것이 아니라는 점입니다. 바로 그들이 커미트먼트한 대상이었습니다. 만약 그들의 행동이 매니저의 인사고과 평가만을 생각하였다면 그렇게 무리하여 밤샘 작업을 진행하지 않았을 겁니다. 그들의 시선이 회사가 아닌 클라이언트를 향해 있었다는 점이 높은 평가로 이어진 것입니다. 클라이언트의 성공에 그들은 몰두하고 있었으며, 그러한 자세가 매니저에게 와닿았던 것입니다.

어떤 수단을 선택하더라도 약속 이행에 최우선을 두어야 한다

또 다른 알기 쉬운 사례가 있습니다. 다누마 씨의 신입사원 연수 때의 일인데요, 그때 고난이도이자 마감 기한도 도저히 지킬 수 없는 과제가 제시되었다고 합니다.

어떤 컨설턴트는 일단 필사적인 노력으로 과제를 기간 내에 맞췄습니다. 다른 컨설턴트는 자신의 능력으로 힘들겠다고 판단하였는지 다른 사람에게 조언을 구했다고 합니다. 게다가 어떤 부분은 다른 사람의 힘을 빌려 대리로 문서 작성 지원도 받았습니다. 그 결과 모든 과제 제출은 하지 못했지만 기일 내에 과제를 완성할 수 있었습니다.

결과론적으로 이 두 사람의 평가는 '동일'하였습니다. 후자가 저평가받는 일은 발생하지 않았습니다. 즉, 이는 약속한 것을 이행함에 있어 "자신들의 능력이 부족할 경우, 어떻게 대처했는가?"라는 부분입니다. 두 팀 모두 커미트먼트의 시점은 전부 클라이언트를 향해 있었기 때문입니다.

그렇기 때문에 자신들의 힘만으로는 부족하다고 느낄 때에는 주위의 도움을 거리낌 없이 받아들여야 합니다. 극단적으로 표현하면 누가 하더라도 기한 내에 업무를 수행하기만 하면 된다는 말입니다. 왜냐하면 결국 그 손해는 클라이언트들이 부담하기 때문에 커미트먼트를 하는 대상은 항상 '클라이언트와의 약속'이라는 점을 잊지 말아야 합니다.

- ☑ 노력하는 행위 자체에 커미트먼트를 해서는 안 된다.
- ☑ 항상 자신이 공헌해야 하는 상대에게 커미트먼트 해야 한다.

커미트먼트 할 것과 하지 말아야 할 것

업무성과

약속한 것은 다소 무리가 있을지라도 기한 내에 끝냄

자신이 공헌해야 할 상대

중요한 것은 클라이언트를 만족시키는 것이며, 혼자서 힘들다면 주위의 도움을 받음

커미트먼트 하지 말아야 할 것

사내 상사

상사의 눈치가 아니라 클라이언트를 최우선적으로 생각함

단지 열심히 하는 것

열심히 하는 것 그 자체만으로 좋은 평가를 기대하지 말아야 함

46 '커미트먼트(commitment)'력 향상법

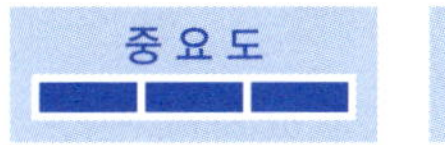

강한 의지를 가지고 일에 몰두한다는 것은 보통 일이 아닙니다. 여기서는 커미트먼트력이 높은 사람들의 공통된 포인트를 두 가지 제시하고자 합니다.

① 업무 내용에 납득하고 있다.

왜, 컨설팅 회사에서는 모두 높은 커미트먼트력을 가지고 있는 걸까요? 그건 전부 컨설팅 업무를 원해서 입사했기 때문입니다. 나중에 독립하려는 사람들이 대부분인 컨설팅 회사의 경우, 정년까지의 근무를 목표로 혹은 안정적인 직업을 원해서 입사하는 사람들은 거의 없습니다. 기본적으로는 자립을 목표로 하고 있습니다.

즉, 하나의 조직으로서 컨설팅 회사에 들어가고 싶어서가 아니라 직업으로서 컨설팅 업무를 원해서 입사한 것입니다. 자신이 원하고 납득한 후에 하고 싶다고 생각한 일을 고른 것입니다. 그러니까 업무가 즐거울 수밖에 없는 것이죠.

② 커미트먼트력이 높은 조직에 속해 있다.

또 하나는 커미트먼트력이 높은 조직에 속해 있다는 사실입니다. 커미트먼트는 전염됩니다. 주위에 커미트먼트력이 높은 사람들이 모여 있다면 그것에 감화되어 강한 커미트먼트력이 조성되어 갑니다. 컨설팅 회사도 그중 하나인데요, 벤처기업에도 커미트먼트가 높은 조직들이 많습니다. 물론 그런 회사는 많지 않기 때문에 많은 회사의 경우 커미트먼트력이 높은 사람과 낮은 사람이 혼재되어 있고 온도 차이도 발생합니다. 그러한 경우에는 커미트먼트력이 낮은 사람의 영향은 가급적 피하는 편이 상책입니다.

커미트먼트력이 낮은 사람의 영향을 처음부터 받게 되면 그것에 익숙해집니다. 신입사원의 경우 부서 배치를 자유롭게 선택할 수 없는 경우가 많습니다. 그럴 때는 직속 상사가 아니더라도 이 사람이라고 생각한 사람에게 부탁해서 멘토가 되어 달라고 하는 것도 좋은 방법이겠지요. 멘토라면 사외인이라도 상관없습니다.

어쨌든 커미트먼트력이 높은 사람에게 가능한 가까이 다가가 좋은 영향을 받을 수 있는 업무 환경을 조성해야 합니다.

도저히 커미트먼트가 어려운 조직이라면 직종을 바꾸는 것도 해결책

전직을 권하는 경우가 두 가지 있습니다.

첫 번째는 입사한 후 회사 조직 자체에 커미트먼트 분위기가 전혀 형성되어 있지 않은 경우입니다. 그런 회사에 3년 정도 다니게 되면 자신도 모르게 물들어버리기 마련입니다. 젊었을 때 몸에 배어버린 행동 양식을 나중에 바꾸려고 하면 부단한 노력이 필요합니다.

또 다른 하나는 커미트먼트가 높은 회사에 입사하였지만 그 회사를 선택한 것에 스스로가 납득하지 못하고 있는 경우입니다.

스스로 만족하지 못한 상태에서 입사한 회사가 높은 커미트먼트를 요구하지만, 납득하지 못한 자신은 이를 도저히 수용할 수 없는 경우 큰 괴리감을 느끼게 됩니다.

이는 무척이나 곤란한 상황인데요, 잘못하면 정신적으로 피폐해져 잘못된 길을 선택할 수도 있습니다. 이럴 경우 한 번쯤 직업을 바꾸는 것도 신중하게 고려해 보아야 합니다.

- ☑ 자기 스스로가 이 직업을 선택하였다는 생각이 커미트먼트를 고양시킨다.
- ☑ 커미트먼트가 높은 사람으로부터 자극을 받을 수 있도록 업무 환경을 조성하는 것이 중요하다.

커미트먼트력이 높은 사람의 공통점

① 업무 내용에 납득하고 있다

자신이 원해서
그 직업을 선택했음

힘든 업무도
열심히 할 수 있음

② 커미트먼트력이 높은 조직에 속해 있다

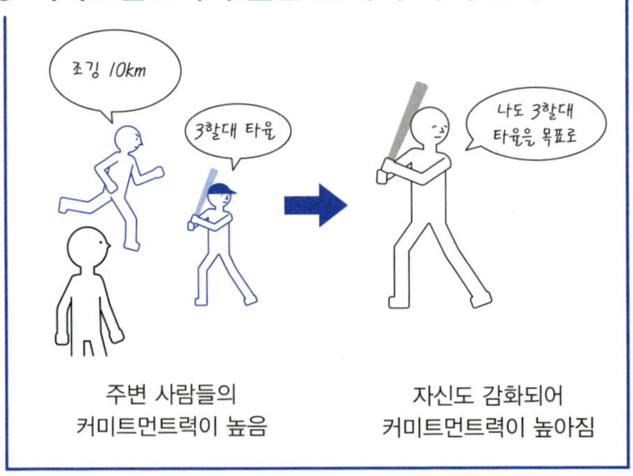

주변 사람들의
커미트먼트력이 높음

자신도 감화되어
커미트먼트력이 높아짐

47 '스승'을 찾는 방법

중요도
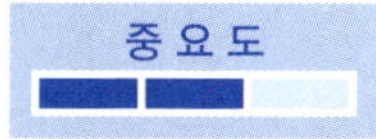
난이도
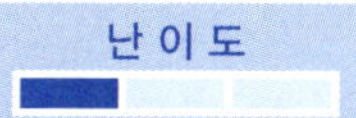

젊었을 때는 어떤 일을 하느냐보다 누구와 함께할 수 있느냐가 더 중요합니다. 그러므로 직업 선택보다 함께 일할 사람의 선택을 더 중요하게 고려해야 합니다. 인격적으로, 능력적으로, 이 사람이라고 생각하는 사람으로부터 좋은 영향을 받는 것입니다.

컨설턴트는 프로페셔널한 일입니다. 물론 노하우나 그들의 삶의 철학에서 배울 수 있는 기술적인 부분도 있을 수 있겠지만, 그러한 내용들은 이미 서점에 비일비재합니다. 언어화할 수 있는 일들은 이미 일반화되어 있어 차별화가 어렵습니다. 그 이외의 언어화가 어려운 암묵적인 부분이야말로 프로들의 입장에서 더욱 배워 두어야 합니다.

프로페셔널이란 신에게 고백한다는 'profess'에서 유래한 말입니다. 거기에는 이익이나 합리성이라고 하는 것을 초월한 비경제적인 것이 중요해집니다. 그렇기 때문에 의사, 변호사, 음악가, 스포츠 선수 등 어떤 직업이던지 간에 프로라고 불리는 사람들은 기술적인 부분 이외에도 자신들만의 미학과 철학을 가지고 있기 마련입니다.

그리고 그러한 미학과 철학들은 스승 옆에서 그들의 숨소리를 느끼며 흉내내는 것에서부터 이러한 것들을 체득할 수 있습니다. 이러한 세계는 여전히 '도제(徒弟)제도'의 형태를 띠고 있기 때문에 1년차일 때는 철저히 그들의 옆에서 배워 나갈 필요가 있습니다.

위의 얘기는 이번에 취재에 응해 준 야마구찌(Blue Marlin Partners, Inc.[2] 대표이사)씨가 말한 내용입니다. 저도 이 부분에 무척이나 동감하였기 때문에 그대로 인용하도록 하겠습니다.

수파리(守破離)란?

일본의 전통적인 다도나 무도 등과 같은 예도와 예술 분야에 있어 사제 관계의 수련 과정 특징을 '수(守)', '파(破)', '리(離)'의 3단계로 설명하고 있습니다.

'수(守)'는 지키는 것을 의미합니다. 스승의 일거수일투족을 흉내 내는 것으로, 숨을 내쉬는 방법은 물론이고 하나에서 열까지 전부 흉내 내는 것입니다.

'파(破)'는 파괴하는 것을 의미합니다. 스승과는 다른 방식과 가치관 등 자기만의 독창적인 방법을 창안하여 생각의 범위를

2 https://www.bluemarl.in/ (역자 주)

넓혀가는 것을 말합니다.

'리(離)'는 떠나는 것을 의미합니다. 스승의 생각과 방식을 뛰어넘어 자신만의 독자적인 스킬을 창출해 내는 것을 말합니다.

이것은 업무를 익히는 방법에도 상통하는 내용입니다. 1년차일 때는 철저하게 '수(守)', 즉 스승의 일거수일투족을 철저히 모방한다는 것이죠.

이번 취재에서도 컨설턴트 출신들이 얼마나 신입 시절 '수(守)'를 철저히 했는지에 대한 이야기를 수없이 들었습니다.

예를 들어 어떤 분은 매니저의 말투, 말 사이의 호흡법, 이메일 작성법은 물론이고 사용하는 볼펜의 종류, 복장, 언어 선택법, 식사법, 게다가 화난 클라이언트들에 대한 대응 방법에 이르기까지 그 모든 것들을 모방했다고 합니다.

거기까지 철저하게 따라함으로써 다음 단계로 나아갈 수 있었다고 합니다.

☑ 언어화가 어려운 암묵적인 부분까지 스승을 철저히 모방하라.

'수(守)', 파(破)', '리(離)'란?

수(守) 스승의 일거수일투족을 모방

스승님과 똑같이 해야지

파(破) 스승과 다른 방법을 배워 폭을 넓혀 나감

새로운 것에
도전

리(離) 스승의 방법을 초월하여 독자적인 스킬을 창출

이것이 나만의
독자적인 기술이다

48 '펠로우십'을 발휘해라

1년차 신입들이 지금 당장 할 수 있는 일이 있습니다. 그것은 바로 '펠로우십(fellowship)'을 발휘하는 것입니다. 펠로우십이란 부하 직원들이 발휘할 수 있는 리더십을 의미합니다. 리더가 어떤 제안을 했다고 칩시다. 용기를 내서 첫 번째 제안자가 되는 것이 리더의 역할입니다. 그때 부하 직원들은 무엇을 할 수 있을까요?

예를 들어, 그 제안에 찬성을 표시하는 것. 자신이 먼저 찬성 의사를 표함으로써 그 실현을 위해 리더를 펠로우 할 수 있습니다. 이것은 제안을 통째로 받아들이는 예스맨과는 그 의미를 달리합니다.

펠로우십이 있는 부하 직원은 제안을 이해하고, 이를 실현하기 위해 스스로 찬성의 의사를 비추고, 주변에도 여기에 동참하자고 권할 수 있습니다.

리더의 제안을 받아들여 리더가 원하는 것, 리더가 필요로 하는 것을 정확하게 파악해서 솔선해서 행동하는 것이 펠로우십이 있는 부하 직원의 자세입니다.

리더를 솔선해 보좌하는 자세를 보여 주변에 긍정적인 영향을 미치자

펠로우십을 설명하는 데 있어서 상징적으로 유명한 동영상이 있습니다.

이 동영상은 잔디밭 위의 피크닉 장소에서 한 남자가 돌연 이상한 춤을 추는 것에서 시작됩니다. 그는 기획의 첫 제안자로서 리더입니다. 묵묵히 즐겁게 계속 춤을 춥니다. 여전히 혼자서만 춤을 추고 있기 때문에 주변 사람들은 아무런 동요도 하지 않고 있습니다. 그러나 갑자기 사태가 급진전됩니다. 두 번째 사람이 그 남자의 옆에 다가가 함께 춤을 추기 시작한 것입니다. 잠시 후 세 번째 사람도 함께 참여하게 되고, 나중에는 피크닉 장소에 있는 몇 백명의 사람들이 일제히 함께 춤을 추기 시작합니다.

이 동영상을 통해 우리들은 두 가지 교훈을 얻을 수 있습니다. 첫 번째는 당연히 처음에 용기를 내어 춤을 추고자 했던 한 사람의 리더십을 높게 평가할 수 있습니다. 두 번째는 두 번째로 춤에 가세해 준 그 사람의 용기에 우린 더 주목할 필요가 있습니다. 리더가 처음 춤을 추기 시작했을 때 이 모습은 주위 사람들에게 너무나 우스꽝스럽게 보였을 것입니다. 충분히 이상한 사람이 미친 짓을 하고 있는 것처럼 보였을 수 있습니다.

이를 보는 주변 사람들이 할 수 있는 것은 단지 두 가지뿐입니다. 하나는 단순히 이를 무시하는 것, 또 다른 하나는 그 모습에 동의하여 함께 참여함으로써 리더를 보좌하는 것입니다.

두 번째 사람은 누구의 지시가 있었던 것도 아닌데 스스로의 판단으로 첫 번째 남자에게 다가갔습니다. 그리고 함께 춤을 추기 시작했습니다.

이 두 번째 행위야말로 처음 춤을 춘 남자를 단순한 괴짜에서 리더로 바꾼 행위입니다.

1년차 신입이 할 수 있는 일은 이 두 번째 사람에 해당합니다. 스스로 새로운 제안을 만들어낼 실력은 부족하더라도 리더를 칭찬하고 북돋우고 동료로 합류하는 것은 자율적으로 얼마든지 가능할 것입니다. 이러한 움직임은 리더 한 명의 힘만으로 만들 수 있는 것이 아닙니다. 리더만큼 첫 번째 펠로우도 중요한 겁니다.

당신이 1년차라고 해도 펠로우십을 발휘할 수 있습니다. 이를 달리 표현하면 '부하로서의 리더십'이라 말할 수 있습니다.

펠로우십이 있는 사람은 머지않아 좋은 리더가 됩니다. 좋은 리더는 앞장설 수도 있지만 다른 사람을 펠로우하는 것에도 능한 법입니다.

☑ 첫 번째 제안을 하는 것은 리더의 역할, 그 실현을 위해 솔선수범하여 스스로 움직이는 것이 펠로우십이다.

리더의 제안에 동조하여 주변을 끌어들인다

① 리더가 제안자가 됨

최초의 사람이 시작했을 때는 이상하게 보여짐

② 펠로우가 리더에 찬동함

두 번째 사람이 참여함으로써 첫 제안자가 리더가 됨

③ 주변 사람들에게 파급됨

두 번째 사람이 참여하게 됨으로써 세 번째 사람 이후부터
참여가 쉽게 되어 큰 움직임으로 파급됨

49 프로페셔널의 팀워크

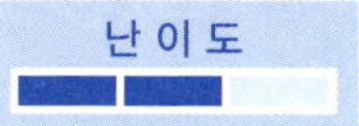

대부분의 회사의 경우에 있어 신입사원들에게는 흔히 보조 업무를 많이 시킵니다. 때문에 제대로 한 사람의 몫을 담당할 수 있는 것은 조금 더 경험을 쌓은 후라고 생각하는 사람들이 많을 것입니다. 하지만 컨설팅 회사의 경우는 그렇지 않습니다. 비록 1년차일지 몰라도 담당해야 할 역할과 업무는 엄연히 존재합니다.

"너희들은 1년차일지 모르지만 한 사람의 프로 컨설턴트라는 생각을 자각해야 한다."

이것은 제가 1년차 때 상사로부터 들은 말입니다. 프로로서 업무에 임해 주었으면 하는 기대와 함께 그에 따른 책임도 요구됩니다. "첫 해라고 아무것도 못해도 된다는 말은 아니다"라는 메시지도 함께 포함되어 있기 때문입니다.

이 말에 "프로페셔널이란 무엇인가?"의 힌트가 숨겨져 있습니다.

예를 들어, 당신이 프로야구 선수 1년차인데 주변에는 엄청난 레귤러 선수들이 즐비하다고 생각해 봅시다. 연간 수십 개의 홈런을 치고 있는 선수들 사이에서 당신은 출전 기회는 고사하고 하나의 안타도 치지 못하고 있습니다. 그렇다고 해도 당신은 여전히 프로 선수이기 때문에 그 게임의 들러리로 남아서는 안 됩니다. 신인으로서 안타를 쳐 내고, 좋은 수비수로 활약하여 팀의 승리에 공헌해야 합니다. 좀 전의 상사의 말을 제대로 번역해 보면 다음과 같은 의미로 이해될 수 있습니다.

"여기에서는 베테랑 선수들의 야구 글러브를 손질해 주는 것만으로 시합에 공헌했다고 착각하면 안 됩니다. 비록 1년차 여러분들이 타석에 설 수 있는 기회가 적을지 모르지만 당신들에게 그 기회가 주어진다면 반드시 안타를 쳐내야 합니다."

"글러브를 손질해 줄 사람은 주변의 전문 스탭들인데, 그들은 그 역할을 목적으로 특별 채용된 사람들입니다. 여러분들은 컨설턴트로 채용되었기 때문에 베테랑들의 글러브를 손질해서는 안 됩니다. 여러분들의 임무는 컨설턴트로서 시합에 나가 고객과 팀의 승리에 공헌하는 일입니다."

자신의 담당 분야에서 프로로서 책임을 다하여 업무를 수행하라

저의 신입시절 주된 업무는 데이터 분석과 정리 업무였습니다. 클라이언트로부터 받은 엄청난 양의 매출 데이터를 분석하거나, 클라이언트의 영업 지점을 방문하여 실제로 직원들이 어떻게 업무를 수행하고 있는지 필드 조사하는 등 단조로운 일들이 대부분이었습니다.

그러한 데이터에서 뭔가 유의미한 것들을 찾아내는 것이 저의 주된 역할이었습니다.

개략적인 가설을 세운 뒤 리서치의 대략적인 방침을 정하는 것은 매니저의 업무였지만, 실제로 그 데이터를 수집하여 실증하는 일은 저의 업무입니다. 이를 위해 끈기 있게 엑셀과 씨름하거나 데이터베이스를 만들어 보는 등 많은 시행착오를 겪었습니다. 엄청난 매출 데이터를 정리하여 교차분석을 시행하는 등 똑같은 작업을 몇 번이고 반복해서 원인과 문제점을 찾아 나갑니다. 어떻게 보면 진부하고 재미없는 작업의 연속으로, 세상 사람들이 흔히 생각하는 컨설턴트라는 화려한 모습과는 사뭇 거리가 먼 내용이었습니다.

분석을 담당한 사람은 저 혼자였기 때문에 컨설팅팀에 유의미한 결과를 낼 수 있을지는 전적으로 저에게 달려 있었습니다. 만약 제가 분석에 실패하게 되면 프로젝트도 실패하게 되는 것입니다.

팀 멤버 전원이 각자의 가치를 발휘해 프로젝트에 공헌하는 것이 무엇보다 중요하며, 이걸 깨달았을 때 "프로의 팀워크란 이런거구나"를 처음으로 이해하게 되었습니다.

☑ 1년차라 할지라도 시합에 나갈 수 있을 때는 나가서 반드시 승리에 공헌해야 한다는 것, 그것이 프로 선수인지 아마추어 선수인지의 차이를 나눈다.

아마추어와 프로의 차이

아마추어 시합에 공헌한다는 생각이 약함
선배의
어시스턴트
단지,
노력할 뿐
프로 시합에 나가 승리에 공헌함
프로로서
타석에 들어섬
맡겨진 역할을
수행해 결과를 남김

50 자신만의 다른 역할을 수행하라

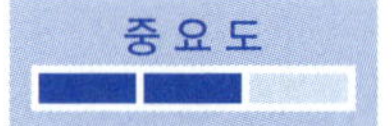

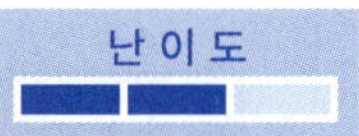

TV 프로그램에서 '이인삼각(二人三脚)'과 같은 '30인 31각'이라는 걸 본 적이 있습니다. 많은 초등학생 아이들이 서로 다리를 서로 묶고 달리는 단체 운동입니다. 모두 체격도 다르고 달리는 속도도 다른데, 이 경기에서는 모두가 협동하여 다른 사람과 호흡을 맞추도록 요구됩니다. 정해진 움직임을 정해진 속도로 전원이 같은 움직임을 취해야 합니다. 그걸 방송에서는 '팀워크'라 부르고 있었습니다.

저는 이 부분에서 반대 의견을 가지고 있었습니다. 그런 건 팀워크도, 그 이상도 아니라고 말이죠.

팀워크란 각자 할 수 있는 역할을 각자가 맡아 팀 전체의 승리를 향해 나아가는 것입니다. 만약 똑같은 역할을 수행하는 사람이 2명 있다면 유감스럽게도 둘 중 하나는 불필요하게 됩니다.

기본적으로 프로에게 있어서의 팀워크란 다른 역할을 담당하는 각각의 사람이 팀을 이루어 하나의 목적을 달성해 나가는 것입니다. 컨설턴트 팀은 그 부분에서 저에게 최고의 경험을 선사했습니다.

신입사원과 매니저는 그 역할이 엄연히 다릅니다. 매니저는 컨설팅 프로젝트의 전체를 디자인하고, 업무 순서를 결정하고 작업을 설계합니다. 신입의 경우는 그 개별 단위의 작업을 수행해 나가는 것이 요구됩니다.

즉, 분업입니다. 신입에게 매니저 역할을 기대할 수 없지만 매니저에게도 동일하게 신입에게 요구되는 작업을 요구할 수 없습니다.

지금 현재의 자신의 능력으로 팀에 공헌할 수 있는 분야를 고민한다

모두가 동일한 업무를 하는 것이 아니라, 각자 맡은 다른 일을 수행해야 합니다. 만약 자신이 다른 사람과 같은 일을 하고 있다면 둘 중 하나는 불필요하다고 생각하면 됩니다. 그래서 남들과 다른 능력으로 자신만의 특색을 어필해 나가야 합니다.

어려운 일이 아니어도 됩니다. 저는 대규모 데이터 분석에 능해서 그 부분에서의 가치 창출이 가능했기 때문에 이를 무기로 하고 있었습니다.

어떤 사람은 숫자를 다루는 것은 서툴렀지만, 반대로 인터뷰나 현장조사 분야에서 그 가치를 발휘하곤 했습니다. 어떤 부분에서는 수행해야 할 업무량에서만큼은 누구에게도 뒤처

지지 않는 사람도 있었습니다.

가치를 내는 방법은 각양각색이지만 모두가 살아남기 위해 필사적이었기 때문에 어떻게 하든 지금의 제 능력으로 팀에 공헌할 수 있는 분야를 찾고 있었습니다. 그게 제대로 이루어지게 되면 본인에게도 팀에게도 좋은 일입니다.

그리고 남들과 같은 분야에서 약점을 보완하려 해서는 안 됩니다.

저 사람은 컴퓨터에 능숙하니 자기도 배워야 한다든지, 혹은 발표 때의 말솜씨가 좋으니까 자기도 연습해야겠다고 생각하는 등, 이러한 행동들은 본인에게도 팀에게도 아무런 도움이 되지 못합니다.

이것도 안 되고 저것도 못 한다는 것이 아니라 내가 잘하는 것, 할 수 있는 것을 정확하게 구분해야 합니다. 팀에 기여할 수 있다면 어떤 것이든 자신만의 특기가 됩니다.

남들과 같지 않고 다른 측면에서 기여할 수 있는 분야를 찾아서 거기서 인정받을 수 있도록 노력해야 합니다.

☑ 똑같은 역할을 하는 사람은 한 명으로 족하다.
☑ 팀워크란 모두가 다른 분야에서 각자의 가치를 발휘하는 것이다.

자신의 담당분야에서 책임감을 가지고 업무에 임한다

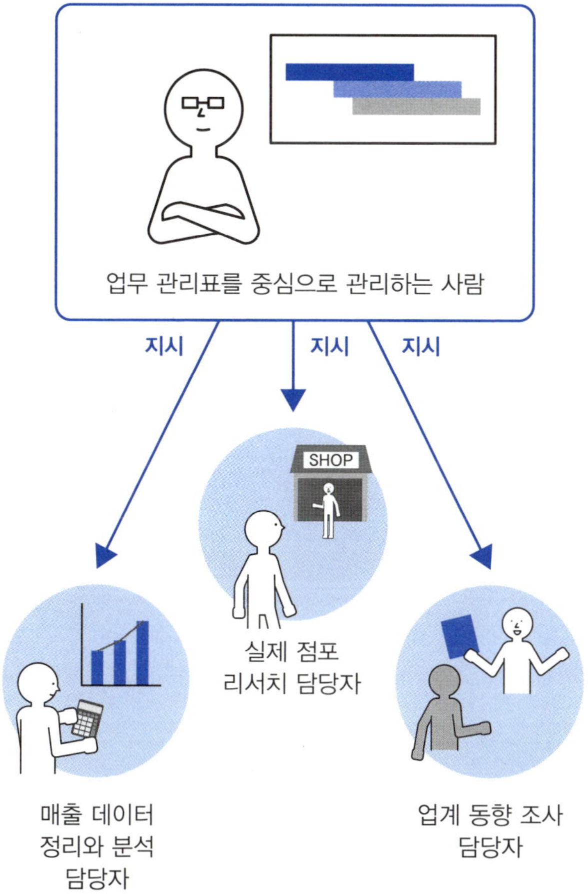

업무 관리표를 중심으로 관리하는 사람

지시 지시 지시

SHOP

실제 점포
리서치 담당자

매출 데이터
정리와 분석
담당자

업계 동향 조사
담당자

**각각의 담당분야에서
전원이 가치를 창출해 내는 것이 중요**

맺음말

본서는 2014년에 간행한 '컨설팅 1년차가 배워야 하는 것(コンサル一年目が学ぶこと)'을 토대로 그림과 해설을 더하여 알기 쉽게 재편성한 책입니다. 몇 가지 에피소드는 생략하였지만 항목의 내용은 동일하고 단시간에 읽을 수 있도록 에센스를 응축하였습니다. 본서를 읽으신 후 관심이 있으시다면 원저를 읽어 보시는 것을 추천합니다. 내용을 더 깊이 이해할 수 있게 될 것입니다.

원저가 출간된 지 몇 년이 지났지만 베스트셀러를 이어가고 있어 주변으로부터 호의적인 평가를 받고 있습니다. 예를 들어, 기업 신입사원 연수 도서로 사용하고 있다는 연락도 다수 받았습니다. 즉, **몇 년이 지나도 퇴색되지 않는 보편적인 스킬을 소개한다는 목적**이 실증되었다고 생각합니다.

이번에 다시 그림과 해설을 더하여 더 많은 분들께 보다 쉽게 이해될 수 있어 필자로서 너무나 기쁩니다.

원저와 마찬가지로 마지막에 보충 설명을 더하고자 합니다.

먼저, 본서의 스킬을 다루는 방법에 편협적인 부분이 있다고 느낀 분도 계실지도 모릅니다. 정확하게 보신 것입니다.

본서의 목적에서 보면 그것으로 충분하다고 생각합니다. 예를 들면, 본서에서는 경영전략의 프레임워크나 젊은 세대의 매너라고 하는 부분은 다루지 않았습니다. 왜냐하면 이러한 것들은 취재에 응해 준 다른 많은 컨설턴트 분들의 논의 속에서 일절 화두에 오른 테마가 아니었기 때문입니다.

이 책 속에서 반복적으로 '중요한 것에 집중하고, 주변 것들은 무시하라'는 점을 계속 언급하고 있습니다. 이에 주변의 잔가지들은 무시하고 전직 컨설턴트의 경험을 믿고 중요한 사항으로만 좁힌 결과라 이해해 주길 바랍니다.

또한 독자의 대부분은 컨설팅 업계 이외의 부문에 근무하시는 것으로 생각됩니다만, 잘 읽어 보시면 항목의 대부분이 컨설팅 회사에 입사해야만 배울 수 있는 특수한 스킬들이 아니라는 것을 알게 될 것입니다. 다른 업계나 다른 회사에서도 충분히 활용할 수 있는 항목들입니다.

따라서 컨설팅 회사에 다니지 않기 때문에 무의미하다고 생각하지 마시고 보편적으로 도움이 되는 스킬 리스트, 각각의 일상적인 업무 속에서 배우고 연마해 나가야 할 스킬 리스트로 도움이 되었으면 합니다.

또 하나 덧붙이자면 이는 컨설팅 경험만이 그 사람의 모든 것을 형성시키는 것이 아니라는 점입니다.

본서의 컨셉상 어디까지나 '컨설팅 1년차가 배울 것'을 다

룬다는 제약이 있었습니다만, 실제로 각계에서 활약하고 있는 분들은 그들의 컨설턴트의 경험에 더하여 그 이외의 일로부터 배운 것도 모두 합한 총합력(總合力)으로 현장에서 활약하고 있습니다.

부디 여러분 자신들의 업계나 회사로부터 배우는 것도 마찬가지로 소중히 여겨 주길 바랍니다. 쓸데없는 배움은 없습니다. 최종적으로는 모든 것이 연결되기 때문입니다.

2021년 6월

오오이시 테츠유키

〈취재에 협력해 주신 분〉

본서의 집필에 있어서 50개 스킬의 추출을 위해 논의를 도와주었으며, 체험이나 경험담을 들려주신 분들입니다. 이 분들 말고도 많은 분들의 의견들을 참고하였습니다.

※ 프로필은 2014년 원저 출판 당시의 것입니다.

아키야마 유카리(秋山ゆかり)

사업개발 컨설턴트, 소프라노 가수, 일리노이주립대학 재학 중 세계 최초 웹브라우저인 NCSA Mosaic 프로젝트에 참여, 인터넷 엔지니어 경력을 쌓음. 보스턴컨설팅그룹의 전략 컨설턴트를 지낸 뒤 성악을 배우기 위해 이탈리아 유학. 귀국 후, 국내외 콘서트 활동을 병행하면서 GE International 전략·사업개발본부장, 일본 IBM의 사업개발부장 등을 역임. 2011년 전세계 IBM 직원 중 40명의 글로벌 리더로서 일본 여성으로는 유일하게 선정. 2012년 독립하여 신규 사업 개발 지원과 중동, 러시아, 동남아시아의 사업개발 지원 프로젝트를 실시하고 있다. 주요 저서로 『생각하며 달리기 – 글로벌 커리어 연마하기(5가지의 힘)』, 『Millionaire의 업무술(입문)』, 『돈을 버는 힘을 키우는 법』 등이 있다. 일본의 나라(奈良)첨단과학기술대학원대학 정보처리학 공학석사.

우메다 토모히코(梅田友彦)

M3 Career(주) 약사사업부 사업부장, 도쿄대학 교양학부 생명인지과학과 기초생명과학과 졸업, 도쿄대학대학원 이학계연구과 생물화학전공과 자퇴. 2004년 Accenture(주)에 입사. 2006년에 Global Brains(주)에서 벤처기업인의 투자 업무에 종사. 투자처로서 Rarejob(마더스 상장), Comnico(사업회사에 매각), Otobank, Wingstyle이 있다. 2011년부터 M3 Career(주)에 참여해 경영관리그룹 매니저를 맡은 뒤, 약사사업부 사업부장을 역임.

오쿠이 쥰(奧井潤)

EY Strategy and Consulting의 시니어 파트너. 도쿄이과대학 공학부 졸업 후 1998년에 회계사무소계열 컨설팅회사 입사. 그 후 대기업 외국계 컴퓨터 제조사를 거쳐 대기업 외국계 컨설팅회사에서 제조업, 소비재 업계의 클라이언트를 중심으로 한 조직재편, 기업경영관리, 회계영역의 업무 컨설팅에 종사. 2010년부터 EY Strategy and Consulting의 출범에 참여하여 현재 자동차 업계 책임자를 맡고 있음.

스가와라 케이(菅原敬)

영국 국립 브리스톨대학 경영학석사(MBA) 수료 후 1996년 Andersen Consulting (현 Accenture)에 입사. 1999년에 istyle 창업에 참가. 2000년에 Arthur D. Little (Japan)에 입사, 주로 하이테크 통신 기업의 각종 전략 입안과 관련하여 컨설팅 업무에 종사. 2004년부터 istyle 이사에 취임. CTO, 2개사의 자회사 사장을 거쳐 2011년부터 CFO. 도쿄증시 마더스 상장, 도쿄증시 1부 시장으로의 승격을 주도하는 등 수많은 M&A 관련 투자를 주도했다.

타누마 타카시(田沼隆志)

중의원 의원(치바현 1구) 차세대 당 소속, 탈자학사관(脫自虐史觀)과 교육위원회 개혁을 일생의 최대 목표로 삼았다. 1975년 12월 26일 출생. 도쿄대학 졸업 후, 외국계 경영컨설팅 회사인 Accenture에서 관공서나 기업(제약, 음료 등)의 개혁 프로젝트에 종사. 2006년, 정치에 뜻을 두고 거리 유세를 개시. 2007년에 치바현 의원 선거에 당선. 2009년과 2011년에 치바현 시의회 2기 연속 톱으로 당선. 시의원 시절에는 교육개혁 외 컨설팅 경험을 살려 관공서의 정보시스템 개혁, 인사평가제도 개혁 등을 제안. 2012년, 제46회 중의원 의원 선거에서 초선으로 당선. 현재 납치문제특별위원회 이사, 재무금융위원회 위원.

마키타 유키히로(牧田幸裕)

신슈대학 학술연구원(사회과학계) 준교수, 교토대학 경제학부 졸업, 교토

대학 대학원 경제학연구과 수료. 하버드대학 경영대학원 경영자 프로그램(GCPCL) 수료. Accenture 전략그룹, Scient(주), ICG 등 외국계 기업의 디렉터, 바이스 프레지던트를 역임. 2003년 일본 IBM(전: IBM 비즈니스 컨설팅 서비스)으로 이적. 인더스트리얼 사업본부 클라이언트 파트너. 주로 일렉트로닉스 업계와 소비재 업계를 담당. IBM에서는 4기 연속 최우수 인스트럭터. 2006년 신슈대학 대학원 경제·사회정책과학연구과 조교수. 2007년부터 현직. 2012년 아오야마가쿠인대학 대학원 국제매니지먼트연구과 비상근 강사. 저서에 『프레임워크를 능숙하게 사용하기 위한 50문항』, 『라면지로에게 배우는 경영학』, 『포터의 경쟁 전략을 능숙하게 사용하기 위한 23문항』, 『득점력 단련하기』(모두 동양경제신보사 출판), 잡지 연재 등 다수가 있음.

야마구치 요오헤이(山口揚平)

와세다대학 정치경제학부 졸업, 도쿄대학 대학원 졸업. 1999년부터 대기업 컨설팅 회사에서 M&A 업무에 종사하며 가네보, 다이에 등의 기업 회생에 참여한 뒤, 창업. 기업 실태를 가시화한 사이트인 Shares를 운영해, 증권사나 개인 투자자들에게 관련 정보를 제공. 2010년에 동사업을 매각. 현재는 컨설팅 회사를 비롯해 여러 사업 및 회사를 운영하면서 집필 및 강연 활동을 하고 있음. 전문은 화폐론, 정보화사회론.

야! 이것도 모르니?

직장인 1년차에 반드시 익혀야 할 50개 스킬

발행일 2023년 9월 15일 초판 1쇄
저 자 오오이시 테츠유키
역 자 백상민 · 김세환
발행인 이구만
발행처 유원북스 도서출판
04091 서울특별시 마포구 토정로 222,
한국출판콘텐츠센터 416호
대표전화 (02)593-1800 FAX (02)6455-1809
등록 2011.9.6. 제25100-2012-3호
편 집 전충영
조 판 홍익m&b
디자인 이종민
www.uwonbooks.com uwbooks@daum.net

ISBN 979-11-6288-171-2 (03320)
정가 15,000원